Authentisch ägyptisch kochen

Nehal Leheta

Authentisch ägyptisch kochen

nach Rezepten von Abou El Sid

Deutsche Fassung von Ursula Fabian

Georg Olms Verlag
Hildesheim · Zürich · New York
2015

Bibliografische Information der Deutschen Nationalbibliothek
Die Deutsche Nationalbibliothek verzeichnet diese Publikation in der Deutschen Nationalbibliografie;
detaillierte bibliografische Daten sind im Internet über http://dnb.d-nb.de abrufbar.

Übersetzung aus dem Englischen und Redaktion: Ursula Fabian
Umschlaggestaltung und Satz: Weiß-Freiburg GmbH – Graphik & Buchgestaltung, Germany

Originalausgabe: Leheta, Nehal,
Authentic Egyptian Cooking: From the Table of Abou El Sid

The American University in Cairo Press
113 Sharia Kasr el Aini, Cairo, Egypt
420 Fifth Avenue, New York, NY 10018
www.aucpress.com

This edition published by arrangement with The American University in Cairo Press

Photography by Sherif Tamim
Food styling by Hoda El-Sherif
Food styling and photography coordination by Rana Sarrouf
Opposite page photograph by Karim El Hayawan
Designed by equinoxgraphics

Druck: UAB Balto Print, Lithuania
Printed in Lithuania

ISBN 978-3-487-08538-8

Inhalt

Über das Restaurant

Abou El Sid

Das Restaurant Abou El Sid wurde vom Reisemagazin *Condé Nast Traveller* zwei Mal unter die fünfzig besten neuen Restaurants der Welt gewählt und es gewann vier Mal die Auszeichnung für Exzellenz des ägyptischen Ministeriums für Tourismus. *Abou El Sid* ist berühmt für seine opulente Mélange ägyptischer Aromen und es ist berühmt für die einzigartige Verbindung von Kochkunst, Ausstattung, Beleuchtung und Musik, die das Goldene Zeitalter Ägyptens der Zwanziger bis Fünfziger Jahre heraufbeschwört, obwohl das Restaurant erst im Jahr 2000 eröffnet wurde. An den Wänden findet man die „*Cairo Stencils Collection*" des international bekannten Künstlers *Chant Avedissian*, die Portraits von Kairoer Berühmtheiten zeigt. Die klassische arabische Musik von Umm Kulthum, Farid al-Atrash und Abdel Wahab ertönt in den Räumen dieses beliebten Restaurants und hier werden die besten traditionellen Ägyptischen Gerichte serviert, die man nur selten außerhalb von Privathäusern findet.

Das Restaurant trägt den Namen des legendären *Abou El Sid*, der vor langer Zeit für seine Gastfreundschaft, seine Großzügigkeit und seine großartige Küche berühmt war. Die Kunde seiner exquisiten ägyptischen Gerichte – *Fuul mit Tahina, Koshari, gefülltes Täubchen mit Reis, Molokheya mit Kaninchen, Fiteer meshaltet* – verbreitete sich von seiner Nachbarschaft bis zum Sultan, der ihm befahl, für ihn im Palast zu kochen. Trotz der großen Ehre zog er es jedoch bald vor, wieder zurück zum einfachen Volk zu gehen, das seine Gerichte so sehr schätzte, und er fuhr fort, mit Liebe die gesunden, köstlichen Gerichte der authentischen ägyptischen Küche zuzubereiten.

Einführung
in die ägyptische Küche

Die alten Ägypter hinterließen viele Zeugnisse ihrer Vorliebe für Feierlichkeiten und Festessen. Die Illustrationen in Grabstätten und Tempeln zeigen, dass vieles von den Essgewohnheiten des alten Ägypten sich bis heute gehalten hat.

Natürlich haben Handel und eine Jahrhunderte lange Fremdherrschaft die ägyptische Küche beeinflusst, doch Grundzutaten und Kochmethoden blieben dieselben. Fremder Einfluss – sei er französisch, britisch, griechisch, türkisch, libanesisch oder syrisch – hat überraschend wenige Veränderungen an Geschmack und Beschaffenheit der ursprünglichen Gerichte gebracht.

In Ägypten spricht man von *al-nafas fi-l-akl*. Das weist auf die persönliche und charakteristische Note eines Kochs hin und auf die positive Energie und Liebe, die zum Kochen gehört. Jede Familie hat ihre eigene Variante von allen Rezepten. Für jemanden aus einem anderen Kulturkreis ist das Essen in einer ägyptischen Familie eine neue und wunderbare Erfahrung. Oft kommen viele zusammen, denn ein Mahl zu teilen ist ein geselliges Ereignis. Auch im Alltag ist der Tisch wie zu einem Festessen gedeckt, voll beladen mit den verschiedenen Vorspeisen, Hauptgerichten, Reis und Brot. Die Familien lassen sich Zeit beim Essen. Es gehört zur Tradition, dass alle in die gemeinsamen Schüsseln langen mit dem zu „Katzenohren" gefalteten *Shami*- oder *Baladi*-Brot.

Die ägyptische Küche ist eine großartige Verschmelzung von Rezepten, in der sich das kosmopolitische und alte Erbe des Landes darstellt. In ihr kommt die Erinnerung an die außergewöhnliche Vergangenheit Ägyptens auf besondere Weise zum Ausdruck.

Grundprodukte

die in der Küche des Abou El Sid verwendet werden

Weiße Bohnen

BULGUR
Vorgekochter Hartweizen, der getrocknet und anschließend geschrotet wird.

DICKE BOHNEN- ODER ACKERBOHNENKERNE
werden für den Eintopf Fuul verwendet.

DITALINI
Kleine kurze Hohlnudeln dienen als Einlage im Koshari.

FIREEK
Grüne, noch weiche Weizenkörner werden geerntet, an der Sonne gedörrt und geröstet. Vor dem Kochen soll man sie eine halbe Stunde kalt einweichen. Sie können durch Reis ersetzt werden.

GEWÜRZMISCHUNG AUS GEMAHLENEN GEWÜRZNELKEN, MUSKATNUSS, ZIMT UND PFEFFER

Getrocknete Kichererbsen

HOMOS
Getrocknete Kichererbsen

KARDAMOMKAPSELN
sind sehr aromatisch und würzig. Sie sind aus der ägyptischen Küche nicht wegzudenken.

KORIANDER
Die Körner werden ganz oder gemahlen, das Koriandergrün ähnlich wie Petersilie verwendet.

MOLOKHEYA
Ein Malvengewächs, dessen dunkelgrüne, spinatähnliche Blätter als Gemüse und in der gleichnamigen Suppe verwendet werden. Getrocknete und tiefgefrorene Blätter gibt es in gut sortierten orientalischen Geschäften.

NUSSMISCHUNG
Im Abou El Sid verwendet man eine Mischung aus Mandeln, Haselnüssen und Rosinen zum Verfeinern und Garnieren verschiedener Gerichte.

OKRA
Der Gemüse-Eibisch, eine der ältesten Gemüsearten und ursprünglich in Äthiopien beheimatet, wird wegen seiner essbaren Schoten geschätzt.

Kardamomkapseln

Dicke oder Ackerbohnen

Bulgur

ORZO
oder Risoni Pasta sind reisförmige kleine Nudeln.

PFEFFER
Im Abou El Sid werden drei Arten von Pfeffer verwendet: Schwarzer Pfeffer, weißer Pfeffer und roter Pfeffer, den es in verschiedenen Schärfegraden gibt – von milder Paprika bis zu scharfem Cayennepfeffer.

REIS
In der ägyptischen Küche wird hauptsächlich Rundkornreis verwendet.

SAFRAN
Eines der teuersten Gewürze besteht aus den Blütennarben des Safrankrokus. Es wird nicht nur zum Würzen, sondern auch zum Färben von Speisen wie etwa Reis benutzt.

SALZ
In der Küche des Abou El Sid wird ausschließlich grobkörniges Salz verwendet.

SESAMPASTE
braucht man zur Zubereitung von Tahina: Man kann die Paste selbst herstellen, indem man Sesamsaat im Ofen oder in der Pfanne hell anröstet und danach im Mixer mit Speiseöl zur gewünschten Konsistenz mixt.

SHAAREYA
sind kurze Fadennudeln, die manchmal anstelle von Reis verwendet werden.

TAGINE
In der ägyptischen Küche ist es eine ofenfeste Schale aus Ton mit hohem Rand ohne oder auch mit hochgewölbtem Deckel – und gleichzeitig auch die Bezeichnung für das Gericht, das darin gekocht wird.

WEISSE BOHNEN
Große Bohnenkerne, die besonders delikat sind.

WEIZENKÖRNER
werden in manchen Süßspeisen verwendet.

Shaareya

Orzo

Suppen

Hühnersuppe mit Orzo

FÜR 2 BIS 4 PORTIONEN
ZUBEREITUNGSZEIT 55 MINUTEN

Zutaten

2 EL Öl
1 TL Butter
1 EL geriebene Zwiebel
1 ½ TL Mehl
½ Hühnerbrust (etwa 150 g)
1 Hühnerbouillonwürfel
1 ¼ l heißes Wasser
1 TL Salz
1 TL weißer Pfeffer
1 Kardamomkapsel
1 Lorbeerblatt
225 g Orzo (Risoni)
Saft von ½ Zitrone nach Belieben

Zubereitung

1. *Das Öl zusammen mit der Butter in einem Topf erhitzen.*
2. *Die geriebene Zwiebel zufügen und hell andünsten. Danach das Mehl einrühren und das Hühnerfleisch einlegen. Den Bouillonwürfel im heißen Wasser auflösen und zugießen.*
3. *Unter Rühren zum Kochen bringen. Das Salz und die Gewürze zufügen. Über milder Hitze etwa eine halbe Stunde sieden lassen.*
4. *Unterdessen den Orzo in einer Pfanne in etwas Öl goldbraun anrösten.*
5. *Danach das Öl abgießen und den Orzo in die Suppe schütten. Über mittlerer Hitze etwa 10 Minuten kochen, bis der Orzo gequollen und weich ist.*
6. *Die Suppe vom Feuer nehmen und nach Belieben mit Zitronensaft servieren.*

Die Hühnersuppe mit Orzo ist eine der am häufigsten servierten Suppen in Ägypten. Man nennt sie Shorbet lesan 'asfour. Ihr Name bezieht sich auf die Form der Orzo- oder Risoni-Pasta und heißt wörtlich übersetzt „Vogelzungen-Suppe".

Linsensuppe

FÜR 2 BIS 4 PORTIONEN
ZUBEREITUNGSZEIT 30 MINUTEN

Zutaten

500 g gelbe Linsen
4 geriebene Karotten
2 mittelgroße Zwiebeln, in Streifen geschnitten
5 Knoblauchzehen
1 mittelgroße Kartoffel, geschält und gerieben
¼ TL Butter
½ TL Salz
¼ TL gemahlener Kreuzkümmel
4 EL Öl
½ EL Mehl
1 TL fein geschnittenes Koriandergrün

Zubereitung

1. *Die Linsen kalt abspülen und in einem Sieb abtropfen lassen.*
2. *In einen Topf schütten, etwa ¾ Liter Wasser zugießen und zum Kochen bringen.*
3. *Die geriebenen Karotten, die Zwiebelstreifen und 3 gehackte Knoblauchzehen sowie die geriebene Kartoffel einrühren.*
4. *Auf mittlerer Hitze etwa 20 Minuten kochen lassen. Anschließend vom Feuer nehmen und im Mixer oder mit dem Pürierstab pürieren. Das Püree wieder erhitzen. Die Butter einrühren und die Suppe mit Salz und Kreuzkümmel abschmecken.*
5. *Für eine dünnere Suppe etwas Wasser zugießen, für eine dickere Konsistenz etwas Mehl einrühren.*
6. *In einer Pfanne die beiden restlichen zerdrückten Knoblauchzehen im heißen Öl anbräunen und das Koriandergrün einstreuen. Die heiße Mischung in die Linsensuppe schütten, so dass es zischt. Dieses Zischen nennt man im Arabischen Tasha.*

Diese nahrhafte Linsensuppe ist in Ägypten sehr beliebt. Gern serviert man sie mit gerösteten Weißbrotwürfeln und oft auch mit Zitronenschnitzen.

Mezze – Vorspeisen

Auberginensalat

Abou El Sid

FÜR 2 BIS 4 PORTIONEN
ZUBEREITUNGSZEIT 25 MINUTEN

Zutaten

1 große Aubergine (etwa 500 g)
2 grüne Paprikaschoten
2 mittelgroße Tomaten (etwa 300 g)
Saft von 1 Zitrone
1 feingehackte Knoblauchzehe
1 EL Olivenöl
1 TL Essig
½ TL Salz
¼ TL feingehackter frischer Chili

Zubereitung

1. *Den Backofen auf 160 °C vorheizen.*
2. *Die Aubergine, die Paprikaschoten und die Tomaten waschen und trockenreiben. Nicht schälen.*
3. *Die Aubergine mit einer Gabel mehrfach einstechen, damit während des Garens der Saft austreten kann, und mit Olivenöl bestreichen.*
4. *Die Paprikaschoten und die Tomaten in kleine Würfel schneiden.*
5. *Das Gemüse im vorgeheizten Ofen in etwa 20 Minuten weichgaren.*
6. *Danach aus dem Ofen nehmen und abkühlen lassen.*
7. *Die Aubergine schälen, ihr Fleisch in einer Schüssel mit einer Gabel grob zerdrücken und mit den Paprika- und Tomatenwürfeln vermischen.*
8. *Mit Zitronensaft beträufeln, damit sich das Auberginenfleisch nicht dunkel verfärbt.*
9. *Mit feingehacktem Knoblauch, Chili, Olivenöl und Essig würzen. Mit Salz abschmecken.*
10. *Den Gemüsesalat in eine Servierschüssel geben, mit Zitronenscheiben garnieren und kalt servieren.*

Am besten ägyptisches Baladi- oder Pita-Brot dazu reichen.

Diese vegetarische Vorspeise ist eine Spezialität, die nur in den Abou El Sid Restaurants serviert wird. Die Aubergine – ägyptisch bitingan roumi – wird gegart wie im Rezept Baba Ghanoug beschrieben.

Tahina

Sesamcreme-Dip

FÜR 2 BIS 4 PORTIONEN
ZUBEREITUNGSZEIT 5 MINUTEN

Zutaten

250 ml Sesampaste
1 EL Essig
Saft von ½ Zitrone
60 ml heißes Wasser
¼ TL Salz
¼ TL Cayennepfeffer
¼ TL gemahlener Kreuzkümmel
1 Knoblauchzehe
¼ TL Olivenöl

Zubereitung

1. *Die Sesampaste mit Essig und Zitronensaft im Mixer vermischen.*
2. *In einer kleinen Schüssel das heiße Wasser mit Salz, Cayennepfeffer und Kreuzkümmel verrühren.*
3. *Die Flüssigkeit in die Sesampaste mischen. Sollte die Mischung zu steif werden, kann man sie auf kleiner Stufe wieder cremig mixen.*
4. *Den feingehackten Knoblauch in die Tahina rühren. In eine Servierschüssel schütten, mit Olivenöl beträufeln und Pitabrot dazu reichen.*

Tahina ist einer der beliebtesten ägyptischen Dips. Er wird mit Sesampaste zubereitet. Falls man keine fertige Paste hat, kann man sie leicht selber herstellen. Dazu röstet man 200 g Sesamsaat hell an und mixt sie anschließend in der Küchenmaschine mit 1 TL Speiseöl cremig.

Baba Ghanoug

Auberginen-Dip

FÜR 2 BIS 4 PORTIONEN
ZUBEREITUNGSZEIT 50 MINUTEN

Zutaten

2 große Auberginen (etwa 1 kg)
1 TL Olivenöl
2 mittelgroße Zwiebeln (etwa 200 g)
100 ml frisch gepresster Zitronensaft
1 Knoblauchzehe
2 EL Tahina (Sesampaste)
¼ TL Essig
¼ TL Cayennepfeffer
¼ TL Salz
¼ TL Olivenöl
½ TL feingeschnittene Petersilie

Zubereitung

1. *Den Ofen auf 160 °C vorheizen.*
2. *Die Auberginen waschen, trockenreiben aber nicht schälen.*
3. *Die Schale der Auberginen ringsum mit einer Gabel einstechen und mit Olivenöl bestreichen.*
4. *Die Auberginen zusammen mit den gewürfelten Zwiebeln in eine Schale geben und im vorgeheizten Ofen in etwa 40 Minuten weichgaren.*
5. *Aus dem Ofen nehmen und abkühlen lassen.*
6. *Die Auberginen schälen. Das Auberginenfleisch und die Zwiebeln mit einer Gabel in einer Schüssel zerdrücken.*
7. *Mit dem Zitronensaft übergießen, damit sich das Auberginenfleisch nicht dunkel verfärbt.*
8. *Den Knoblauch fein hacken und zusammen mit der Sesampaste, dem Essig und dem Cayennepfeffer einrühren. Mit Salz abschmecken. Der Dip soll noch etwas stückig bleiben.*
9. *In eine Servierschüssel füllen, mit Olivenöl beträufeln und mit Petersilie bestreuen.*

Kalt servieren und Baladi- oder Pita-Brot dazu reichen.

Dies ist einer der beliebtesten Dips in Ägypten. Er soll nicht zu glatt gerührt werden. Auberginen heißen in Ägypten bitingan roumi. Dieser Name weist darauf hin, dass sie ursprünglich aus der Türkei stammen.

Joghurt-Minzdip mit Gurkenwürfeln

FÜR 2 BIS 4 PORTIONEN
ZUBEREITUNGSZEIT 10 MINUTEN

Zutaten

1 l Joghurt
¼ TL Salz
1 kleingehackte Knoblauchzehe
1 kleine Gurke (etwa 75 g)
¼ TL getrocknete Minze
einige Minzblättchen zum Garnieren
etwas Olivenöl zum Beträufeln

Zubereitung

1. *Den Joghurt mit Salz und Knoblauch verrühren.*
2. *Die Gurke schälen und grob reiben oder in kleine Würfel schneiden. In ein Sieb schütten und die Flüssigkeit abtropfen lassen. Anschließend in den Joghurt mischen.*
3. *Den Joghurtdip in eine Servierschüssel schütten und mit getrockneter Minze bestreuen. Mit Olivenöl beträufeln und mit einigen Minzblättchen garnieren.*

Dieser Dip soll am gleichen Tag, an dem er zubereitet wird, gegessen werden. Er passt zu fast allen ägyptischen Gerichten. Man serviert ihn besonders gern zu gefüllten Weinblättern (siehe Seite 43) oder zusammen mit gerösteten Brotwürfeln.

Orientalischer Salat

FÜR 2 BIS 4 PORTIONEN
ZUBEREITUNGSZEIT 10 MINUTEN

Zutaten

3 große Tomaten (etwa 600 g)
2 kleine Gurken (etwa 150 g)
1 mittelgroße Gemüsezwiebel (etwa 250 g)
½ kleiner Kopfsalat
1 Bund Brunnenkresse (etwa 100 g)
Saft von ½ Zitrone
1 EL Essig
1 EL Öl
½ TL gemahlener Kreuzkümmel
¼ TL Salz

Zubereitung

1. *Das Gemüse gründlich waschen und abtropfen lassen. Die Tomaten und die Gurken in dünne Streifen, die Zwiebel in Ringe schneiden. Den Kopfsalat und die Brunnenkresse in kleine Stücke reißen.*
2. *Für das Dressing den Zitronensaft mit den restlichen Zutaten verquirlen und den Salat darin wenden.*
3. *In Portionsschalen anrichten und sofort servieren.*

Dieser leichte gesunde Salat – salata baladi – wird in ägyptischen Familien gewöhnlich zu jeder Hauptmahlzeit gereicht.

Bessara

Bohnen-Dip mit Koriander

FÜR 2 BIS 4 PORTIONEN
ZUBEREITUNGSZEIT 45 MINUTEN

Zutaten

700 g getrocknete weiße Puffbohnenkerne
6 feingehackte Knoblauchzehen
1 großes Bund Koriandergrün
1 großes Bund Petersilie
1 EL feingeschnittener Dill
½ TL getrocknete Minze
¼ TL schwarzer Pfeffer
¼ TL Cayennepfeffer
1 TL Salz
1 TL zerstoßene Korianderkörner
2 EL Öl
4 Zwiebeln (etwa 500 g)

Zubereitung

1. *Die Bohnen gründlich waschen. In ¾ Liter Wasser aufsetzen und 3 Knoblauchzehen, das Koriandergrün, die Petersilie, schwarzen Pfeffer, Salz, die getrocknete Minze, Cayennepfeffer und den Dill zufügen. Zum Kochen bringen und 30 Minuten kochen. Danach im Mixer oder mit dem Pürierstab pürieren.*
2. *Das Püree wieder aufsetzen und auf kleiner Flamme weitere 15 Minuten unter ständigem Rühren kochen lassen.*
3. *Vom Feuer nehmen und mit Cayennepfeffer und Salz abschmecken.*
4. *In einer Pfanne die feingehackten restlichen Knoblauchzehen in etwas Öl glasig andünsten und mit dem zerstoßenen Koriander verrühren. Heiß in das Bohnenpüree schütten, so dass es zischt.*
5. *Das Püree in eine Servierschüssel schütten.*
6. *Die Zwiebeln in dünne Ringe schneiden und in 2 EL Öl braun rösten. Danach das Öl abgießen und die Röstzwiebeln über die Bessara streuen.*

Bessara ist ein bevorzugtes Gericht der ägyptischen Familienküche. In christlichen Haushalten ist es besonders während der Fastenzeit beliebt, da es fleischlos und sehr nahrhaft ist.

Linsen

Abou El Sid

FÜR 2 BIS 4 PORTIONEN
ZUBEREITUNGSZEIT 40 MINUTEN

Zutaten

225 g gelbe Linsen
2 große Knoblauchzehen, fein gehackt
2 mittelgroße Zwiebeln (etwa 250 g)
2 Karotten, grob geraspelt
2 große Tomaten (etwa 400 g)
1 mittelgroße Kartoffel (etwa 100 g)
1 EL Butter
1 TL Salz
¼ TL Cayennepfeffer
3 EL Öl
1 TL Koriandergrün, fein geschnitten

Zubereitung

1. *Die Linsen mehrmals abspülen.*
2. *Einen halben Liter Wasser zum Kochen bringen.*
3. *Die Linsen, 1 gehackte Knoblauchzehe, die klein gewürfelten Zwiebeln, 1 geriebene Karotte, und 1 gewürfelte Tomate sowie die grob geraspelte Kartoffel zufügen. Etwa 20 Minuten kochen lassen, bis das Gemüse weich, aber noch nicht zerkocht ist.*
4. *Die Mischung in der Küchenmaschine oder mit dem Pürierstab pürieren. Zurück in den Topf schütten und auf kleiner Flamme erhitzen.*
5. *In einem anderen Topf die restliche geraspelte Karotte mit der restlichen, kleingewürfelten Tomate vermischen. Etwa 5 EL Wasser und 1 EL Butter einrühren und das Gemüse auf kleiner Flamme etwa 5 Minuten dünsten. Anschließend in die Linsen rühren und die Mischung mit Cayennepfeffer und Salz abschmecken.*
6. *In einer kleinen Pfanne die restliche kleingehackte Knoblauchzehe im heißen Öl braun anrösten und das feingeschnittene Koriandergrün einrühren. Auf die heiße Linsenmischung schütten so, dass es zischt. Dieses Geräusch nennt man im Arabischen Tasha.*
7. *Das Linsengericht nach dem Abkühlen in den Kühlschrank geben. Es wird kalt und mit Fladenbrot serviert.*

Gelbe Linsen werden in der ägyptischen Küche häufig verwendet. Sie sind nicht teuer, aber nahrhaft und sättigend. Linsengerichte werden oft anstelle von Fleisch in der christlichen Fastenküche gereicht.

Kishk

mit Joghurt

FÜR 2 BIS 4 PORTIONEN
ZUBEREITUNGSZEIT 45 MINUTEN

Zutaten

60 ml Milch
2 EL Mehl
3/4 l Hühnerbrühe
500 ml Joghurt
2 EL Öl
1 EL geriebene Zwiebel
1/4 TL weißer Pfeffer
1 Zwiebel (etwa 125 g)
1 EL Ghee oder Butterschmalz
Saft von 2 Zitronen

Zubereitung

1. *Im Mixer die Milch mit dem Mehl und der kalten Hühnerbrühe verquirlen. Zugedeckt etwa 30 Minuten quellen lassen.*
2. *In einem Topf 2 EL Öl erhitzen und darin die geriebene Zwiebel andünsten. Den Pfeffer zufügen.*
3. *Die Hühnerbrühe zugießen und zum Kochen bringen.*
4. *Über reduzierter Hitze den Joghurt langsam einrühren, 1 EL Butterschmalz zugeben und weiter rühren, bis die Mischung glatt und cremig ist.*
5. *Den Kishk mit Salz und Zitronensaft würzen. In eine Servierschüssel füllen und abkühlen lassen.*
6. *Die Zwiebel in dünne Streifen schneiden und in etwas Butterschmalz knusprig rösten.*
7. *Vor dem Servieren die Röstzwiebeln über den Kishk streuen.*

Am besten bei Raumtemperatur servieren und Baladi- oder Pita-Brot dazu reichen.

Kishk kann auch nur mit einer einfachen Hühnerbrühe zubereitet werden. Doch mit Joghurt schmeckt das Gericht ganz anders. Es ist dann runder, angenehm würzig und hat reichlich „Umami", das ist die fünfte Geschmacksqualität neben den Qualitäten süß, sauer, salzig und bitter.

Würziger Käsedip

FÜR 2 BIS 4 PORTIONEN
ZUBEREITUNGSZEIT 20 MINUTEN

Zutaten

2 Tomaten (etwa 250 g)
500 g weicher Feta-Käse
¼ TL Cayennepfeffer
1 EL Speiseöl
2 EL feingeschnittene Petersilie
1 TL Olivenöl
einige Minzblättchen als Garnitur

Zubereitung

1. *Die Tomaten in etwa 2 Zentimeter große Würfel schneiden.*
2. *Den Feta-Käse cremig rühren und dabei den Cayennepfeffer und das Speiseöl einrühren. Anschließend die Tomatenwürfel unterheben.*
3. *Den Dip in eine Servierschüssel füllen. Mit feingeschnittener Petersilie bestreuen, mit etwas Olivenöl beträufeln und mit einigen Minzblättchen garnieren.*

Gekühlt servieren und Baladi- oder Pita-Brot dazu reichen.

Dieser scharf gewürzte Käse-Dip ist der am häufigsten verwendete Dip der ägyptischen Küche. Man kann ihn zum Frühstück, als Mezza oder als kleinen Imbiss reichen.

Gefüllte Weinblätter

FÜR 2 BIS 4 PORTIONEN
ZUBEREITUNGSZEIT
30 MINUTEN

Zutaten

- 400 g gemischtes Rind- und Lammhackfleisch
- 2 EL geriebene Zwiebeln
- 4 feingehackte Knoblauchzehen
- 1 TL Salz
- ¼ TL Cayennepfeffer
- 1 TL weißer Pfeffer
- 200 g Reis
- 4 große Tomaten (etwa 800 g)
- 2 Karotten
- 1 EL Tomatensauce
- 2 Bund Dill (etwa 50 g)
- 1 Bund Petersilie (etwa 50 g)
- 2 Bund Koriandergrün (etwa 100 g)
- 2 Bund frische Minze (etwa 100 g)
- 2 EL Olivenöl
- 500 g Weinblätter
- 1 Rinder- oder Gemüsebouillonwürfel
- Saft von 4 kleinen Zitronen
- ½ TL getrocknete Minze

Zubereitung

1. *Für die Füllung das Hackfleisch in einer Schüssel mit der geriebenen Zwiebel und dem feingehackten Knoblauch vermischen. Mit Salz, Cayennepfeffer und weißem Pfeffer würzen.*
2. *Den Reis auf ein Sieb schütten und kalt abspülen. Anschließend ungekocht mit dem Fleisch verkneten.*
3. *Drei Tomaten schälen, klein zerschneiden und mit 1 geriebenen Karotte sowie der Tomatensauce vermischen.*
4. *Die Kräuter zerschneiden, im Mixer pürieren und dabei das Olivenöl einlaufen lassen. Das Kräuterpüree zusammen mit den Tomaten in die Fleischmasse einarbeiten.*
5. *Frische Weinblätter waschen und 2 Minuten in kochendes, gesalzenes Wasser legen. Herausheben und kalt abschrecken. Tiefgekühlte Weinblätter auftauen und kalt abspülen. Die Weinblätter in gleichgroße Rechtecke schneiden und dabei die harte Mittelrippe mit einem scharfen Messer herausschneiden.*
6. *Die Blattstengel und Mittelrippen gleichmäßig auf den Boden eines weiten flachen Topfes streuen.*
7. *Die restliche Karotte und Tomate in Scheiben schneiden.*
8. *Die Gemüsescheiben und die Minze in den Topf schichten.*
9. *Die Weinblätter mit der glänzenden Seite nach unten auf der Arbeitsplatte ausbreiten.*
10. *Mit je 1 EL Füllung belegen. Die Seitenränder über die Füllung schlagen und die Blätter über der Füllung aufrollen.*
11. *Die Röllchen auf die Gemüsescheiben nicht zu dicht nebeneinander in den Topf schichten, da sich der Reis während des Garens etwas ausdehnt.*
12. *Den Brühwürfel in etwa 200 ml Wasser auflösen, zum Kochen bringen und über die gefüllten Weinblätter gießen. Zugedeckt auf kleiner bis mittlerer Flamme etwa 30 Minuten garen.*
13. *Auf einem Servierteller anrichten. Mit Olivenöl und Zitronensaft beträufeln. Mit etwas getrockneter Minze bestreuen und heiß servieren.*

Nach Belieben einen Joghurt- und Minzdip (Rezept, Seite 29) dazu reichen. Gefüllte Weinblätter sind in Ägypten und im gesamten Mittleren Osten eine sehr beliebte Vorspeise.

Marinierte Auberginen

FÜR 2 BIS 4 PORTIONEN
ZUBEREITUNGSZEIT 30 MINUTEN

Zutaten

2 große Auberginen (etwa 1 kg)
400 ml Speiseöl
4 große Tomaten (etwa 800 g)
1 TL Olivenöl
1 TL Senf
1 EL Essig
Saft von ½ Zitrone
4 Knoblauchzehen, durch die Knoblauchpresse gedrückt
½ TL gemahlener Kreuzkümmel
¼ TL Salz
¼ TL Cayennepfeffer
2 EL Wasser
1 Bund Petersilie

Zubereitung

1. *Die Auberginen in ½ cm dicke Scheiben schneiden.*
2. *Das Öl in einer großen Pfanne erhitzen und darin die Auberginenscheiben braun braten.*
3. *Mit einem Sieblöffel herausheben und auf Küchenpapier abtropfen lassen. Danach abwechselnd mit den in Scheiben geschnittenen Tomaten auf eine Servierplatte legen.*
4. *In einer kleinen Schale das Olivenöl mit Senf, Essig, Zitronensaft, Knoblauch, Kreuzkümmel, Salz, Cayennepfeffer und 2 EL Wasser zu einer Marinade verquirlen.*
5. *Die Marinade über die Auberginen- und Tomatenscheiben gießen. Mindestens 10 Minuten stehen lassen, damit sich die Aromen verbinden.*
6. *Zuletzt mit feingeschnittener Petersilie bestreuen.*

Das Gericht kalt servieren und Pita-Brot dazu reichen.
Nach Belieben kann man noch eine in dünne Ringe geschnittene, grüne Paprikaschote zufügen.

Marinierte Gemüse wie diese Auberginen sind in der ägyptischen Küche sehr beliebt.

Fuul

Puffbohnen mit Paprikaschoten und Zwiebelstreifen

FÜR 2 BIS 4 PORTIONEN
ZUBEREITUNGSZEIT 15 MINUTEN

Zutaten

1 Dose Puffbohnen (etwa 400 g)
2 mittelgroße Zwiebeln (etwa 250 g)
2 grüne Paprikaschoten
1 EL Butter
2 EL Speiseöl
½ TL gemahlener Kreuzkümmel
¼ TL Salz
1 Prise Cayennepfeffer
Saft von ½ Zitrone
1 Tomate (etwa 200 g)
1 TL Olivenöl
feingeschnittene Petersilie

Zubereitung

1. *Die Bohnen aus der Dose in ein Sieb schütten, kalt abspülen und in frischem Wasser auf mittlerer Flamme aufsetzen. Zugedeckt etwa 10 Minuten erhitzen.*
2. *Die Zwiebeln in Streifen und die Paprikaschoten in kleine Würfel schneiden.*
3. *Die Butter zusammen mit dem Öl in einem Topf erhitzen. Das Gemüse zufügen und kurz andünsten. Die Bohnen einrühren und mit Kreuzkümmel, Salz, Cayennepfeffer und Zitronensaft abschmecken.*
4. *In eine Servierschüssel geben, mit kleinen Tomatenwürfeln und Petersilie bestreuen und mit Olivenöl beträufeln.*

Mit Pita-Brot servieren.

Fuul
mit Tahina

FÜR 2 BIS 4 PORTIONEN
ZUBEREITUNGSZEIT 15 MINUTEN

Zutaten

500 g Puffbohnen (Konserve)
1 EL Butter
½ TL gemahlener Kreuzkümmel
¼ TL Salz
1 Prise Cayennepfeffer
4 EL Tahina (Rezept Seite 25)
feingeschnittene Petersilie
1 TL Olivenöl

Zubereitung

1. *Die Bohnen aus der Dose auf ein Sieb schütten, kalt abspülen und in etwas Wasser zugedeckt auf mittlerer Flamme etwa 5 Minuten erhitzen. Anschließend im Mixer pürieren.*
2. *Die Butter in einem Topf erhitzen. Das Bohnenpüree einrühren und mit Kreuzkümmel, Salz und Cayennepfeffer würzen.*
3. *Anschließend in eine Servierschüssel füllen und die Tahina zufügen. Mit Petersilie bestreuen und mit Olivenöl beträufeln.*

Heiß servieren und kleine Scheiben Baladi-Brot dazu reichen.

Dieses Bohnenpüree – fuul meddamis – ist ein ägyptisches Nationalgericht. Es wird zum Frühstück gegessen. Tahina aus Sesampaste ist einer der beliebtesten Dips, der zu Fuul und vielen anderen ägyptischen Gerichten gereicht wird.

Taameya

Falafel

FÜR 2 BIS 4 PORTIONEN
ZUBEREITUNGSZEIT 3 BIS 12 STUNDEN ZUM EINWEICHEN DER HÜLSENFRÜCHTE UND 30 MINUTEN KOCHZEIT

Zutaten

500 g getrocknete Kichererbsen oder Puffbohnen, ersatzweise Kichererbsen aus der Dose
1 Bund Frühlingszwiebeln
2 Bund Koriandergrün
6 Knoblauchzehen
2 große Zwiebeln (etwa 250 g)
2 grüne Chilischoten
1 Bund Petersilie
1 TL Salz
2 EL Sesamsaat
12 EL Speiseöl

Zubereitung

1. *Falls man getrocknete Hülsenfrüchte verwendet, müssen diese vor dem Kochen mindestens 3 Stunden, am besten aber über Nacht in kaltem Wasser eingeweicht werden.*
2. *Mit einem großen Messer oder in der Küchenmaschine die Frühlingszwiebeln, das Koriandergrün, die Knoblauchzehen, die Zwiebeln und die Chilischoten fein zerhacken.*
3. *In einer Schüssel mit den gegarten und zerdrückten Kichererbsen und der fein geschnittenen Petersilie gründlich vermischen und mit Salz abschmecken.*
4. *Mit einem Löffel Portionen von der Masse abstechen und zu flachen Knödeln von etwa 6 cm Durchmesser formen.*
5. *Die Knödel in der Sesamsaat wälzen.*
6. *Je etwa 5 Minuten im heißen Öl fritieren, dabei mehrmals wenden, bis sie gut gebräunt sind. Mit einem Sieblöffel herausheben und auf Küchenpapier entfetten.*

Im Vorderen Orient kennt man Taameya auch unter der Bezeichnung Falafel. Diese werden gewöhnlich aus Kichererbsen zubereitet. In Ägypten verwendet man meist Puffbohnen. Dieses vegetarische Gericht ist das klassische Schnellgericht, das nicht nur zum Frühstück, sondern auch tagsüber gegessen wird. Es wird meist heiß oder lauwarm serviert und als Belag für die runden Baladi-Brote verwendet. Dazu reicht man Tahina und einen kleinen Salat.

Spiegeleier mit Pastrami

FÜR 2 BIS 4 PORTIONEN
ZUBEREITUNGSZEIT 7 MINUTEN

Zutaten

1 EL Speiseöl
1 EL Butter
4 Eier
125 g Pastrami
¼ TL schwarzer Pfeffer

Zubereitung

1. *Das Öl zusammen mit der Butter in einer Pfanne erhitzen.*
2. *Die Eier aufschlagen, in die Pfanne gleiten lassen und 1 Minute braten.*
3. *Die Pastramischeiben rund um die Eier in die Pfanne legen und 5 Minuten weiterbraten.*
4. *Die Spiegeleier auf die Teller legen. Mit frischgemahlenem schwarzen Pfeffer bestreuen und sofort servieren.*

Baladi-Brot dazu reichen.

Spiegeleier mit Pastrami (Rinderschinken) sind am Wochenende ein beliebtes Frühstück.

Lamm-Kofta

oder Tark

FÜR 2 BIS 4 PORTIONEN
ZUBEREITUNGSZEIT 30 MINUTEN

Zutaten

500 g feingehacktes Lammfleisch
1 TL feingehacktes Lammfett
1 Zwiebel (etwa 250 g), gerieben
1 EL Speiseöl
½ TL Salz
¼ TL weißer Pfeffer
½ TL Würzmischung (gemahlene Nelken, Zimt, Muskatnuss, Pfeffer)
1 EL Speiseöl

Zubereitung

1. *Den Grill vorheizen.*
2. *Das Lammfleisch mit dem Fett, dem Öl und der geriebenen Zwiebel in der Küchenmaschine vermischen. Mit Salz, Pfeffer und der Gewürzmischung abschmecken.*
3. *Die Masse in 4 cm dicke und 7 cm lange Kofta formen.*
4. *Die Kofta mit Öl bestreichen, damit sie nicht am Grill festbraten.*
5. *So lange grillen, bis sie schön gebräunt und gut durchgebraten sind.*

Im Restaurant Abou El Sid grillt man die Kofta auf diese Art und serviert sie mit Tahina-Sauce und Baladi-Brot.

Scharf gewürzte orientalische Bratwurst

FÜR 2 BIS 4 PORTIONEN
ZUBEREITUNGSZEIT 30 MINUTEN

Zutaten

2 EL Speiseöl
2 mittelgroße Zwiebeln (etwa 250 g)
4 feingehackte Knoblauchzehen
500 g orientalische Bratwurst (aus Rindfleisch)
1 Fleischtomate (etwa 200 g)
1 EL Tomatenmark
¼ TL Salz
¼ TL Cayennepfeffer
1 grüne Paprikaschote (etwa 100 g)
feingeschnittene Petersilie

Zubereitung

1. *Das Öl in einer Pfanne erhitzen. Die in Ringe geschnittenen Zwiebeln und den gehackten Knoblauch hinein streuen und goldbraun anbraten.*
2. *Die Bratwürstchen zufügen und 5 Minuten braten.*
3. *Inzwischen die Tomate schälen und im Mixer zusammen mit dem Tomatenmark und etwa 120 ml Wasser pürieren.*
4. *Das Püree durch ein Sieb über die Würstchen geben. Über mittlerer Hitze 15 Minuten köcheln lassen.*
5. *Danach mit Salz und Cayennepfeffer abschmecken.*
6. *Kurz vor dem Ende der Kochzeit die in dünne Streifen geschnittene Paprikaschote unterheben und unter Rühren weitere 2 Minuten garen.*
7. *Mit feingeschnittener Petersilie bestreuen und auftragen.*

Heiß mit einfachem oder geröstetem Fladenbrot servieren.

Orientalische Bratwürste aus Rindfleisch sind in türkischen Geschäften erhältlich.

Kobeba

Lammfleischbällchen mit Bulgur

FÜR 2 BIS 4 PORTIONEN
ZUBEREITUNGSZEIT 30 MINUTEN

Zutaten

225 g Bulgur
250 g Lammhackfleisch
1 feingehackte rote Paprikaschote (etwa 50 g)
1 TL Salz
¼ TL Pfeffer
¼ TL Zimt
¼ TL Gewürzmischung (gemahlene Nelken, Zimt, Muskatnuss, Pfeffer)
1 EL Pinienkerne
1 TL getrocknete Minze
250 ml Speiseöl

Zubereitung

1. *Den Bulgur 15 Minuten in kaltem Wasser quellen lassen und danach gut ausdrücken.*
2. *Zusammen mit dem Fleisch, der gehackten Paprikaschote und den Gewürzen in der Küchenmaschine zu einem Teig kneten.*
3. *In einer kleinen Schale die Pinienkerne mit der Minze vermischen.*
4. *Mit nassen Händen Fleischbällchen formen.*
5. *Je einige Pinienkerne in die Mitte der Fleischbällchen drücken und diese wieder rund formen.*
6. *Das Öl in einer tiefen Pfanne auf kleiner Flamme erhitzen und darin die Kobeba portionsweise in etwa 10 Minuten braun fritieren.*

Am besten heiß mit Baba Ghanoug servieren.

In anderen Ländern des Vorderen Orient werden diese Fleischbällchen Kibbeh genannt.

Hühnerleber
auf Alexandrinische Art

FÜR 2 BIS 4 PORTIONEN
ZUBEREITUNGSZEIT 30 MINUTEN

Zutaten

500 g Hühnerleber
250 g Zwiebeln
4 EL Speiseöl
½ EL Butter
2 feingehackte Knoblauchzehen
1 kleine rote Chilischote
¼ TL Salz
¼ TL schwarzer Pfeffer
Saft von ½ Zitrone

Zubereitung

1. *Die Leber gründlich kalt abspülen und trocken tupfen.*
2. *Die Leber und die Zwiebeln in 3 cm große Stücke schneiden.*
3. *Das Öl erhitzen und die Leber etwa 10 Minuten braten.*
4. *Anschließend aus der Pfanne heben und warm halten.*
5. *Die Butter, die Zwiebeln, den Knoblauch und die in feine Streifen geschnittene Chilischote in die Pfanne geben, unter Rühren braun braten und mit Salz und schwarzem Pfeffer würzen.*
6. *Danach auf eine Servierplatte geben und die Leber unterheben. Zuletzt Zitronensaft darüber träufeln.*

Ägyptisches Baladi- oder Pita-Brot dazureichen.

Dieses Gericht stammt zwar aus Alexandria, es wird aber in ganz Ägypten gern gegessen.

Gegrillte Wachteln

FÜR 2 BIS 4 PORTIONEN
ZUBEREITUNGSZEIT 40 MINUTEN

Zutaten

4 küchenfertige Wachteln
2 Tomaten (etwa 250 g)
2 EL Speiseöl
1 TL Salz
¼ TL weißer Pfeffer
½ TL Gewürzmischung
(siehe Seite 12)
1 TL Senf
2 Zwiebeln (etwa 250 g)
1 ½ TL Butter
Saft von 2 Zitronen

Zubereitung

1. *Die küchenfertig ausgenommenen Wachteln heiß abspülen und trocken tupfen.*
2. *Anschließend mit der Küchenschere längs halbieren und die Hälften mit einem Fleischklopfer vorsichtig flach klopfen.*
3. *Für die Marinade die Zwiebeln und die Tomaten schälen, im Mixer pürieren und das Püree durch ein Sieb in eine Schüssel treiben.*
4. *Das Püree mit Öl, Senf und den Gewürzen verquirlen.*
5. *Die halbierten Wachteln in der Marinade wenden und 10 Minuten marinieren.*
6. *Die Wachtelhälften aus der Marinade heben, mit Öl bestreichen und unter dem vorgeheizten Grill bräunen.*
7. *Danach die Butter in einer Pfanne auf mittlerer Flamme erhitzen und die Wachtelhälften kurz darin überglänzen.*
8. *Auf einer Servierplatte anrichten und mit Zitronensaft beträufeln.*

Tahina und nach Belieben in der Bratbutter gebräunte Zitronenscheiben dazu reichen.

Kalbfleischspießchen

FÜR 2 BIS 4 PORTIONEN
ZUBEREITUNGSZEIT 45 MINUTEN

Zutaten

500 g mageres Kalbfleisch
3 Zwiebeln (etwa 300 g)
2 grüne Paprikaschoten
2 Tomaten (etwa 250 g)
2 EL Speiseöl
1 TL Salz
¼ TL weißer Pfeffer
½ TL Gewürzmischung (siehe Seite 12)
1 TL Senf
6 Grillspieße aus Metall oder Holz

Zubereitung

1. *Das Kalbfleisch in 4 cm große Würfel schneiden.*
2. *Zwei Zwiebeln und beide Paprikaschoten in 3 cm große Rechtecke schneiden.*
3. *Für die Marinade die restliche Zwiebel und die Tomaten im Mixer pürieren und durch ein Sieb in eine Schüssel treiben.*
4. *Das Öl und die Gewürze mit dem Püree zu einer Marinade verquirlen. Darin die Fleischwürfel wenden und 10 Minuten marinieren.*
5. *Zuerst die Zwiebel, dann die Paprikastücke, dann die Fleischwürfel abwechselnd auf die Spieße stecken.*
6. *Die Spieße mit Öl bestreichen und unter einem vorgeheizten Grill bräunen.*
7. *Anschließend in einer Pfanne in heißer Butter und der zurückbehaltenen Marinade sautieren.*

Mit ägyptischen Fladenbrot und Tahina servieren.

Nur im Abou El Sid werden Kalbfleischspieße auf diese Art zubereitet.

Mombar-Würstchen

FÜR 2 BIS 4 PORTIONEN
ZUBEREITUNGSZEIT 1 STUNDE UND 45 MINUTEN

Zutaten

1 kg frische Wursthüllen
2 Bund Koriander
1 Bund Dill
1 Bund Petersilie
5 mittelgroße Zwiebeln (etwa 500 g)
10 Knoblauchzehen (etwa 100 g)
500 ml Speiseöl
500 g Reis
2 EL Tomatenmark
1 TL Cayennepfeffer
1 EL Salz
¼ TL schwarzer Pfeffer
1 EL Essig
1 EL Mehl
8 mittelgroße Tomaten
4 Lorbeerblätter
4 Kardamomkapseln

Zubereitung

1. *Für die Füllung die Kräuter fein zerschneiden.*
2. *Die Zwiebeln und den Knoblauch in der Küchenmaschine fein zerhacken.*
3. *Anschließend die Zwiebelmischung in einer tiefen Pfanne in Öl anbräunen.*
4. *Den Reis kalt abspülen und einstreuen.*
5. *Das Tomatenmark und etwa 120 ml Wasser zufügen und über milder Hitze 5 Minuten rühren.*
6. *Die Kräuter zufügen. Mit Cayennepfeffer, Pfeffer und Salz würzen.*
7. *Die Reismischung gut durchrühren, vom Feuer nehmen und abkühlen lassen.*
8. *Die Wursthüllen mit Hilfe eines langen Kochlöffelstieles von innen nach außen kehren.*
9. *Danach in einer Mischung aus Essig, Mehl und 1 ½ TL Salz wenden.*
10. *Wieder umdrehen und kalt abspülen.*
11. *Mit der Reismischung nicht zu voll füllen, da sich der Reis beim Garen ausdehnt.*
12. *Die gefüllten Hüllen an beiden Enden mit Küchenzwirn abbinden.*
13. *Die Tomaten entsaften und den Saft in einen weiten Topf schütten.*
14. *Die Lorbeerblätter, die Kardamomkapseln und die Würste einlegen und auf großer Flamme 20 Minuten kochen lassen.*
15. *Die Würste aus dem Topf heben und den Küchenzwirn entfernen. Die Würste 5 Minuten in Öl braten.*
16. *Die Würste in Stücke schneiden und auftragen.*

Die Zubereitung dieses Gerichtes scheint nur beim ersten Mal etwas schwierig zu sein, doch in jedem ägyptischen Haushalt ist es alltäglich.

Kalbsleber
auf Alexandrinische Art

FÜR 2 BIS 4 PORTIONEN
ZUBEREITUNGSZEIT 25 MINUTEN

Zutaten

500 g Kalbsleber
250 g Zwiebeln
4 EL Speiseöl
½ EL Butter
2 Knoblauchzehen, fein gehackt
2 kleine grüne Chilischoten, in dünne Streifen geschnitten
¼ TL Salz
¼ TL schwarzer Pfeffer
Saft von ½ Zitrone

Zubereitung

1. *Die Leber kalt abspülen und trockentupfen.*
2. *Die Leber in 3 cm lange Stücke und die Zwiebeln in Streifen schneiden.*
3. *Das Öl in einer Pfanne erhitzen und die Leber darin knapp 5 Minuten braten.*
4. *Die Leber herausheben und warmhalten. Die Butter in die Pfanne geben und die Zwiebel- und Chilistreifen sowie den Knoblauch hineinstreuen. Mit Salz und schwarzem Pfeffer würzen. Unter Rühren die Zwiebelstreifen weichdünsten.*
5. *In eine Servierschüssel geben und die Leber unterheben. Mit Zitronensaft beträufeln.*

Baladi- oder Pita-Brot dazu reichen.

Dieses Gericht stammt zwar aus Alexandria, es wird aber in ganz Ägypten gern zubereitet.

Mahshi

Gefülltes Gemüse

FÜR 2 BIS 4 PORTIONEN
ZUBEREITUNGSZEIT
1 STUNDE 15 MINUTEN

Zutaten

500 g gehacktes Rindfleisch
2 EL geriebene Zwiebeln
4 Knoblauchzehen
1 TL Salz
¼ TL Cayennepfeffer
1 TL weißer Pfeffer
225 g Reis
2 Bund Dill
2 Bund Koriandergrün
2 Bund Minze
1 Bund Petersilie
2 EL Olivenöl
3 große Tomaten
1 Karotte
1 EL Tomatensauce
5 weiße Auberginen
5 violette Auberginen
5 Zucchini
6 grüne Paprikaschoten
4 Tomaten
1 Würfel Gemüsebouillon
1 EL Tomatenmark
frische oder getrocknete Minze

Zubereitung

1. *Für die Füllung das gehackte Fleisch in einer Schüssel mit der geriebenen Zwiebel und dem feingehackten Knoblauch vermischen und mit Salz, Cayennepfeffer und weißem Pfeffer würzen.*
2. *Den Reis waschen, auf einem Sieb abtropfen lassen und mit dem Fleisch vermischen.*
3. *Dill, Petersilie, Koriandergrün und Minze fein zerschneiden. Die Minzstiele bereithalten. Die Kräuter und das Olivenöl in die Fleischmasse einarbeiten.*
4. *Die Tomaten schälen, grob zerschneiden, mit der gewürfelten Karotte und der Tomatensauce vermischen und unter die Fleischmasse heben.*
5. *Die Auberginen, Zucchini, Paprikaschoten und Tomaten aushöhlen und dabei Stiele und Samenstände entfernen.*
6. *Das Gemüse mit der Fleischmasse nur locker füllen, da die sich während des Garens ausdehnt.*
7. *Die bereitgehaltenen Minzstiele zerschneiden und auf den Boden eines weiten Topfes streuen. Darauf das gefüllte Gemüse nicht zu eng nebeneinander stellen.*
8. *Den Bouillonwürfel in einem halben Liter Wasser auflösen und das Tomatenmark einrühren.*
9. *Die Brühe an das gefüllte Gemüse gießen.*
10. *Zum Kochen bringen, den Deckel auflegen und das Gemüse auf mittlerer Hitze 30 Minuten garen.*
11. *Zuletzt mit etwas Olivenöl beträufeln.*

Mahshi ist der arabische Name für gefülltes Gemüse. Es ist ein farbiges frisches Gericht, für das die gleiche Füllung wie für Weinblätter verwendet wird. Es ist nicht nur eine Mezza, sondern wird auch als Hauptgericht serviert.

Hauptgerichte

Mesakaa

Geschmorte Auberginen mit gehacktem Rindfleisch

FÜR 2 BIS 4 PORTIONEN
ZUBEREITUNGSZEIT
30 MINUTEN

Zutaten

2 große Auberginen (etwa 500 g)
2 große rote Paprikaschoten (etwa 250 g)
250 ml Speiseöl
2 Gemüsezwiebeln (etwa 250 g)
5 Knoblauchzehen, gepresst
2 Lorbeerblätter
250 g gehacktes Rind- oder Kalbfleisch
1 TL Salz
¼ TL weißer Pfeffer
2 EL Tomatenmark
Tomatenscheiben und Streifen von grünen Paprikaschoten als Garnitur

Zubereitung

1. *Den Ofen auf 160 °C vorheizen.*
2. *Die Auberginen waschen und in Scheiben schneiden. Die Paprikaschoten entkernen und in Rechtecke schneiden.*
3. *Das Öl in einer Pfanne erhitzen und darin über mittlerer Hitze die Auberginenscheiben und Paprikastücke weichbraten.*
4. *Das Gemüse aus der Pfanne heben und auf Küchenpapier entfetten.*
5. *Die sehr fein gehackten Zwiebeln und Knoblauchzehen zusammen mit den Lorbeerblättern ins Öl, in dem die Auberginen gebraten wurden, geben und unter Rühren glasig dünsten.*
6. *Das Fleisch sowie Salz und Pfeffer zufügen. In etwa 15 Minuten unter ständigem Rühren braun braten.*
7. *Das Tomatenmark mit etwa 60 ml Wasser verdünnen und in das Fleisch rühren.*
8. *Die Lorbeerblätter entfernen.*
9. *In einen Schmortopf oder in eine Tagine abwechselnd je eine Lage Fleisch und eine Lage Auberginen und Paprika aufeinander schichten.*
10. *Nach Belieben mit dünnen Tomaten- und grünen Paprikascheiben garnieren.*
11. *Vor dem Servieren 10 Minuten im vorgeheizten Ofen erhitzen.*

Bei Raumtemperatur servieren und Baladi-Brot dazu reichen.

Die Tagine ist ein nordafrikanischer Schmortopf mit einem hohen gewölbten oder spitzen Deckel zum schonenden Garen von Speisen. Ursprünglich aus Ton und Keramik sind diese Töpfe jetzt auch aus Gusseisen und für alle Herdarten bei uns erhältlich. Der Name Tagine bezeichnet sowohl den Topf wie auch das Gericht, das darin zubereitet wird. In der ägyptischen Küche hat die Tagine selten einen Deckel, sondern ist eher mit einer Auflaufform zu vergleichen.

Kalbfleisch-Tagine

mit Spinat

FÜR 2 BIS 4 PORTIONEN
ZUBEREITUNGSZEIT 40 MINUTEN

Zutaten

1 Dose Kichererbsen (400 g)
800 g Kalbfleisch
1 Selleriestange
1 Karotte
3 Kardamomkapseln
¼ TL weißer Pfeffer
¼ TL Salz
1 Rinderbouillonwürfel
2 EL Speiseöl
2 mittelgroße Zwiebeln (etwa 250 g)
1 kg junger Spinat
1 Fleischtomate (etwa 200 g)
1 EL Butter
4 Knoblauchzehen, gepresst
1 TL feingeschnittenes Koriandergrün

Zubereitung

1. *Den Ofen auf 160 °C vorheizen.*
2. *Die Kichererbsen aus der Dose in ein Sieb schütten, kalt abspülen und abtropfen lassen. In einen Topf schütten, mit Wasser bedecken und 20 Minuten auf mittlerer Hitze kochen lassen.*
3. *Danach abschütten und bereithalten.*
4. *Das Fleisch würfeln. Zusammen mit der in Scheiben geschnittenen Selleriestange und Karotte sowie den Kardamomkapseln, Salz und Pfeffer in knapp ¾ Liter Wasser aufsetzen und 30 Minuten köcheln. Dabei den Rinderbouillonwürfel zufügen.*
5. *Das Fleisch herausheben und bereithalten. Die Brühe etwas einkochen lassen und für die Zubereitung des Spinats verwenden.*
6. *Das Öl in einer Pfanne auf mittlerer Flamme erhitzen. Die feingewürfelten Zwiebeln einstreuen und unter Rühren glasig dünsten.*
7. *Den Spinat in Streifen schneiden und zufügen.*
8. *Die Brühe zugießen und den Spinat unter ständigem Rühren über mittlerer Hitze garen.*
9. *Dabei etwa ¾ der Kichererbsen unterheben.*
10. *Die Tomate schälen, würfeln und zufügen.*
11. *In einer kleinen Pfanne die Butter erhitzen. Darin den Knoblauch goldbraun braten und das feingeschnittene Koriandergrün einrühren. Diese Mischung auf den Spinat schütten, so, dass es zischt. Diesen Vorgang nennt man im Arabischen Tasha.*
12. *Die Spinatmischung in ein feuerfestes Geschirr oder in eine Tagine geben, mit den Fleischwürfel belegen und mit den restlichen Kichererbsen bestreuen.*
13. *Vor dem Auftragen nochmals 5 Minuten im vorgeheizten Ofen erhitzen. Mit Reis servieren.*

Kalbfleisch-Tagine

mit Artischockenherzen

FÜR 2 BIS 4 PORTIONEN
ZUBEREITUNGSZEIT
45 MINUTEN

Zutaten

500 g Kalbfleisch
1 Staude Bleichsellerie
3 mittelgroße Karotten (etwa 500 g)
3 Kardamomkapseln
¼ TL weißer Pfeffer
¼ TL Salz
2 Würfel Rinderbouillon
12 Artischockenherzen aus der Dose (etwa 800 g)
2 große Zwiebeln (etwa 250 g)
1 EL Speiseöl
1 EL Butter
1 EL Mehl
2 Lorbeerblätter
2 Zitronen

Zubereitung

1. *Das Fleisch in 4 Zentimeter große Würfel schneiden. Die Selleriestangen in Stücke und 1 ½ Karotten in Scheiben schneiden.*
2. *Die Fleischwürfel, Selleriestücke und Karottenscheiben sowie die Gewürze und Salz in einen Topf geben, mit Wasser bedecken und die beiden Bouillonwürfel zufügen. Zum Kochen bringen und 30 Minuten auf kleiner Flamme kochen lassen.*
3. *Danach das Fleisch herausheben und warmhalten. Die Brühe bereithalten.*
4. *Die Artischockenherzen halbieren.*
5. *Die Zwiebeln in dünne Streifen und die restlichen Karotten in Scheiben schneiden.*
6. *Das Öl zusammen mit der Butter in einem Topf erhitzen. Darin die Zwiebeln und Karottenscheiben unter Rühren weich dünsten.*
7. *Das Mehl anstäuben.*
8. *Danach bereitgehaltene Brühe langsam einrühren, damit sich keine Klümpchen bilden, und die Lorbeerblätter zufügen. Zum Kochen bringen und 5 Minuten weiterrühren, bis sich eine Bindung ergibt.*
9. *Anschließend die Artischocken einlegen und den Saft von 2 Zitronen zugießen.*
10. *Die Kalbfleischwürfel und das Artischockengemüse in eine Tagine umfüllen und in einem auf 160 °C vorgeheizten Ofen nochmals 5 Minuten erhitzen.*

Zu Reis servieren.

Dies ist ein ungewöhnliches ägyptisches Gericht, da in der ägyptischen Küche weiße Saucen nicht üblich sind. Man kann auch frische Artischocken verwenden; dann benötigt man etwa 2 kg mittelgroße Früchte.

Tagine
mit Kalbfleisch und Fireek

FÜR 2 BIS 4 PORTIONEN
ZUBEREITUNGSZEIT
60 MINUTEN

Zutaten

500 g mageres Kalbfleisch
1 Staude Bleichsellerie
3 Kardamomkapseln
½ TL weißer Pfeffer
½ TL Salz
1 Würfel Rinderbouillon
2 EL Speiseöl
2 EL Butter
2 große Zwiebeln (etwa 250 g)
500 g Fireek (grüne Weizenkörner)

Zubereitung

1. *Den Ofen auf 160 °C vorheizen.*
2. *Die grünen Weizenkörner gründlich in kaltem Wasser waschen. Abtropfen lassen und etwa 30 Minuten in kaltem Wasser einweichen. Die Selleriestangen in Stücke schneiden.*
3. *Das Kalbfleisch in 4 cm große Würfel schneiden. Zusammen mit dem Sellerie, den Kardamomkapseln, dem Pfeffer und Salz in einen Topf geben und mit Wasser bedecken. Zum Kochen bringen und den Bouillonwürfel zufügen. Auf kleiner Flamme etwa 30 Minuten kochen lassen.*
4. *Die Fleischwürfel mit einem Sieblöffel herausheben und die Brühe bereithalten.*
5. *In einer Pfanne 1 EL Öl erhitzen und darin die Fleischwürfel kurz von allen Seiten anbräunen.*
6. *Das restliche Öl zusammen mit der Butter in einem tiefen Topf erhitzen.*
7. *Die feingewürfelten Zwiebeln einstreuen und unter Rühren anbräunen.*
8. *Die Weizenkörner unterheben, mit Salz und Pfeffer würzen und 750 ml Brühe zugießen.*
9. *Auf kleiner Flamme 15 Minuten köcheln, bis die Körner die Flüssigkeit aufgesogen haben.*
10. *In Schichten Fleisch und Fireek in einer Tagine übereinander legen. Im vorgeheizten Ofen vor dem Servieren 5 Minuten erhitzen.*

Fireek ist eine übliche Grundzutat in Ägypten, doch außerhalb des Mittleren Orients wenig bekannt. Fireek besteht aus grünen, noch weichen Weizenkörnern, die nach der Ernte in der Sonne getrocknet werden. In gut sortierten orientalischen Geschäften sind sie auch bei uns erhältlich. Man kann sie durch Reis oder Shaareya ersetzen, doch die Konsistenz des Gerichtes ist dann weniger kernig.

Kalbfleisch-Tagine
mit Okra

FÜR 2 BIS 4 PORTIONEN
ZUBEREITUNGSZEIT 40 MINUTEN

Zutaten

800 g Kalbfleisch
2 EL Mehl
180 ml Speiseöl
1 TL Salz
1 TL weißer Pfeffer
1 Rinderbouillonwürfel
2 mittelgroße Zwiebeln (etwa 250 g)
1 große Tomate (etwa 200 g)
2 EL Tomatenmark
1 Karotte
1 kg Okraschoten
3 Kardamomkapseln
4 Knoblauchzehen
1 EL feingeschnittenes Koriandergrün

Zubereitung

1. *Das Fleisch in große Würfel schneiden und mit dem Mehl bestäuben. Im heißen Öl kräftig braun anbraten.*
2. *In einem Topf 1 Liter Wasser zum Kochen bringen. Das angebratene Fleisch zufügen und in 30 Minuten weichgaren, dabei ½ TL Salz, ½ TL Pfeffer und den Bouillonwürfel zufügen.*
3. *Anschließend das Fleisch mit einem Sieblöffel herausheben und bereithalten.*
4. *Für das Okragemüse zuerst die Zwiebeln reiben und in einer Pfanne in Öl andünsten.*
5. *Die Tomate schälen, fein hacken und die Karotte raspeln.*
6. *Zusammen mit dem Tomatenmark, den Kardamomkapseln, ½ TL Salz und Pfeffer in die Zwiebelmischung rühren.*
7. *Die geputzten Okraschoten unterheben und weich schmoren.*
8. *In einer kleinen Pfanne die durch eine Knoblauchpresse getriebenen Knoblauchzehen in Öl goldbraun rösten und das feingeschnittene Koriandergrün einrühren.*
9. *Die heiße Knoblauchmischung auf das Okragemüse schütten, so, dass es zischt.*
10. *In eine Tagine zuerst das Okragemüse geben und darauf das Fleisch legen.*
11. *Im vorgeheizten Ofen 10 Minuten wieder erhitzen und anschließend mit Reis servieren.*

Kalbfleisch-Tagine
mit Orzo

FÜR 2 BIS 4 PORTIONEN
ZUBEREITUNGSZEIT 1 STUNDE 20 MINUTEN

Zutaten

800 g Kalbfleisch ohne Knochen
2 EL Mehl
180 ml Speiseöl
1 ½ TL Salz
1 ¼ TL weißer Pfeffer
3 Rinderbouillonwürfel
500 g Orzo-Pasta
¼ TL Zimt
1 große Zwiebel (etwa 100 g)
3 Kardamomkapseln
3 Stangen Bleichsellerie
1 Karotte
1 große Tomate (etwa 200 g)

Zubereitung

1. *Den Ofen auf 160 °C vorheizen.*
2. *Das Fleisch in mundgerechte Stücke schneiden und mit 1 EL Mehl bestäuben.*
3. *Anschließend in Öl kräftig anbraten.*
4. *In einem Topf 1 Liter Wasser zum Kochen bringen. Die Fleischstücke hineinlegen und je 1 TL Salz und Pfeffer sowie 1 Bouillonwürfel als zusätzliche Würze zufügen.*
5. *Das Fleisch auf kleiner Flamme in 30 Minuten gar ziehen lassen.*
6. *Mit einem Sieblöffel herausheben und ebenso wie die Brühe bereithalten.*
7. *Orzo in Öl anrösten und dabei mit ½ TL Salz und je ¼ TL Pfeffer und Zimt würzen. Mit einem Sieblöffel herausheben und entfetten.*
8. *Danach in einem halben Liter Wasser mit den beiden restlichen Bouillonwürfeln in 20 Minuten weichgaren.*
9. *Für die Sauce die Zwiebel reiben, die Selleriestangen fein zerschneiden, die Karotte raspeln, die Tomate schälen und würfeln. Die Kardamomkapseln, den Sellerie, die Karottenraspeln, die Tomate und das restliche Mehl einrühren. Etwa ½ Liter der bereitgehaltenen Brühe zugießen und rühren, bis die Sauce andickt. Zugedeckt 15 Minuten auf kleiner Flamme kochen lassen. Mit Salz und Pfeffer würzen.*
11. *Orzo in eine Tagine schütten. Mit dem Fleisch belegen und mit der Sauce überziehen.*
12. *Vor dem Servieren 10 Minuten im vorgeheizten Ofen wieder erhitzen.*

Der arabische Name der Pasta entspricht ihrer Form: „lisan 'asfour" heißt Vogelzungen.

Kalbfleisch-Tagine

mit Perlzwiebeln

FÜR 2 BIS 4 PORTIONEN
ZUBEREITUNGSZEIT 40 MINUTEN

Zutaten

800 g Kalbfleisch ohne Knochen
180 ml Speiseöl
1 TL Salz
1 TL weißer Pfeffer
1 Rinderbouillonwürfel
1 große Zwiebel (etwa 100 g)
3 Kardamomkapseln
3 Stangen Bleichsellerie
4 Karotten (etwa 500 g)
1 Tomate (etwa 200 g)
¼ TL Zimt
2 EL Mehl
12 Perlzwiebeln (etwa 250 g)
3 mittelgroße Kartoffeln (etwa 500 g)

Die süßlichen Perlzwiebeln kann man durch Schalotten ersetzen.

Zubereitung

1. *Das Fleisch in mundgerechte Stücke schneiden, mit Mehl bestäuben und in Öl anbräunen.*
2. *In einem Topf 1 Liter Wasser zum Kochen bringen, je ½ TL Salz und Pfeffer und den Bouillonwürfel zufügen. Das Fleisch hineinlegen und in 30 Minuten garziehen lassen.*
3. *Das Fleisch mit einem Sieblöffel herausheben und bereithalten.*
4. *Für die Sauce die feingewürfelte Zwiebel in das Öl streuen, in dem das Fleisch angebraten wurde, und anbräunen.*
5. *Die Kardamomkapseln, die kleingeschnittenen Selleriestangen, die gewürfelte Tomate, und eine geraspelte Karotte in die Zwiebeln einrühren. Mit Zimt, je ½ TL Salz und Pfeffer würzen und die Fleischbrühe angießen. Eventuell noch 100 ml Wasser zufügen. Aufkochen und das Würzgemüse weichgaren.*
6. *Die braune Sauce pürieren und nach Belieben mit Mehl andicken.*
7. *Die Perlzwiebeln schälen, waschen und in etwa 15 Minuten weichgaren.*
8. *Die restlichen 3 Karotten und die Kartoffeln schälen, grob würfeln und bissfest kochen.*
9. *Die Perlzwiebeln, die Karotten- und Kartoffelwürfel in ein Sieb schütten und abtropfen lassen.*
10. *Das abgetropfte Gemüse zusammen mit dem Fleisch in die braune Sauce geben und unter Rühren auf kleiner Flamme weitere 5 Minuten garen.*
11. *In eine Tagine umschütten und vor dem Servieren weitere 5 Minuten in den auf 160 °C vorgeheizten Ofen stellen.*

Gekochten weißen Reis dazu reichen.

Bohnen-Tagine

nach Art von Abou El Sid

FÜR 2 BIS 4 PORTIONEN
ZUBEREITUNGSZEIT 45 MINUTEN

Zutaten

500 g Kalbfleisch
250 g Rindfleischwürste
1 Stange Staudensellerie
2 Kardamomkapseln
½ TL weißer Pfeffer
1 TL Salz
2 große Zwiebeln
1 Rinderbouillonwürfel
500 g weiße Bohnen
5 Knoblauchzehen
2 EL Speiseöl
5 Tomaten
4 Karotten
2 EL Mehl
Salz und weißer Pfeffer

Zubereitung

1. *Das Fleisch in 4 Zentimeter große Würfel schneiden und zusammen mit den Würsten, der klein geschnittenen Selleriestange, den Kardamomkapseln sowie mit Pfeffer und Salz in einen Topf geben und mit Wasser bedecken. Zum Kochen bringen und auf kleiner Flamme in 30 Minuten garziehen lassen.*
2. *Eine der Zwiebeln längs halbieren und zusammen mit dem Bouillonwürfel als zusätzliche Würze hinzufügen.*
3. *Die Fleischwürfel und Würstchen mit einem Sieblöffel herausheben und warmhalten. Die Brühe für die rote Sauce bereithalten.*
4. *Die weißen Bohnen in 1 Liter Wasser aufkochen und 25 Minuten garen.*
5. *Anschließend in ein Sieb schütten, abtropfen lassen und bereithalten.*
6. *Für die rote Sauce die restliche Zwiebel reiben und die Knoblauchzehen kleinhacken. In einem Topf Zwiebel und Knoblauch im heißen Öl bräunen.*
7. *Die Tomaten und Karotten schälen, reiben und mit den Kardamomkapseln hinzufügen.*
   Das Mehl anstäuben und die Brühe durch ein Sieb zugießen.
8. *Unter ständigem Rühren 15 Minuten köcheln, bis die Sauce bindet.*
9. *Die Sauce mit Salz und Pfeffer abschmecken.*
10. *Die weißen Bohnen in die Sauce schütten und unter vorsichtigem Rühren etwa weitere 15 Minuten garen.*
11. *Zuletzt die Fleischwürfel und Würstchen unterheben.*
12. *Das Gericht in eine Tagine füllen und in einem 180 °C heißen Ofen 10 Minuten erhitzen.*

Nach Belieben mit etwas Petersilie bestreuen und zu Reis servieren.

Kalbsbraten

nach Art von Abou El Sid

FÜR 2 BIS 4 PORTIONEN
ZUBEREITUNGSZEIT 60 MINUTEN

Zutaten

500 g Kalbfleisch ohne Knochen
2 mittelgroße Tomaten
3 Karotten (etwa 250 g)
1 kleine Staude Bleichsellerie
250 ml Speiseöl
4 Knoblauchzehen
2 Lorbeerblätter
6 Kardamomkapseln
½ TL schwarzer Pfeffer
½ TL Salz
1 TL Gewürzmischung (siehe Seite 12)
1 Prise Safran, ersatzweise 2 TL Kurkuma
1 mittelgroße Zwiebel
500 g Reis

Zubereitung

1. *Den Ofen auf 180 °C vorheizen.*
2. *Das Fleisch in Portionsstücke schneiden. Tomaten, Karotten und Selleriestangen grob zerschneiden, die Knoblauchzehen fein hacken oder durch die Knoblauchpresse treiben.*
3. *Ein Backblech mit Öl ausstreichen.*
4. *Darauf das Fleisch und das zerkleinerte Würzgemüse breiten. Die Lorbeerblätter und die Kardamomkapseln zufügen. Mit Salz und Pfeffer sowie mit der Gewürzmischung bestreuen und mit Öl beträufeln.*
5. *Im vorgeheizten Ofen 30 Minuten garen.*
6. *Danach das Fleisch herausnehmen und warmhalten.*
7. *Das Gemüse im Mixer pürieren und durch ein Sieb passieren.*
8. *Das Püree in einen Topf auf mittlerer Flamme erhitzen. Die Hälfte des Safranpulvers einrühren und das Fleisch unterheben.*
9. *Den Reis kalt abspülen und in einem Sieb abtropfen lassen.*
10. *Unterdessen 4 EL Öl in einem Topf erhitzen.*
11. *Die Zwiebel reiben, einrühren und hell andünsten.*
12. *Den Reis und den restlichen Safran zufügen.*
13. *Etwa 350 ml Wasser angießen, zum Kochen bringen und den Reis auf kleiner Flamme in 15 Minuten weichgaren.*

Das Fleisch und den Reis zusammen auftragen.

Dieses Gericht ist eine Spezialität von Abou El Sid. Falls man kein Safranpulver vorrätig hat, kann man auch Kurkuma verwenden.

Tagine
mit grünen Erbsen

FÜR 2 BIS 4 PORTIONEN
ZUBEREITUNGSZEIT 45 MINUTEN

Zutaten

500 g Kalbfleisch
100 g Bleichsellerie
½ TL weißer Pfeffer
1 TL Salz
2 große Zwiebeln (etwa 250 g)
5 Knoblauchzehen
2 Kardamomkapseln
1 Rinderbouillonwürfel
2 EL Speiseöl
5 mittelgroße Tomaten (etwa 500 g)
2 EL Mehl
4 große Karotten (etwa 500 g)
500 g grüne Erbsen, frisch oder tiefgefroren

Zubereitung

1. *Den Backofen auf 180 °C vorheizen.*
2. *Das Fleisch würfeln und die Selleriestangen in dünne Scheiben schneiden. In einen Topf geben, mit Pfeffer und Salz würzen.*
3. *Eine der Zwiebeln in Ringe schneiden und den Knoblauch fein zerhacken. Zusammen mit dem Kardamom und Bouillonwürfel zum Fleisch geben. Mit Wasser bedecken, zum Kochen bringen und 30 Minuten köcheln lassen.*
4. *Die Fleischwürfel herausnehmen, in einem Sieb abtropfen lassen. Die Brühe bereithalten.*
5. *Für die rote Sauce die restliche Zwiebel reiben und im Öl anbräunen.*
6. *Die Tomaten schälen, zerschneiden und in die gebräunten Zwiebeln geben. Das Mehl darüber stäuben und die bereitgehaltene Brühe zugießen. Zum Kochen bringen und rühren, bis die Sauce bindet. Auf kleiner Flamme 15 Minuten kochen lassen.*
7. *Die geschälten Karotten würfeln und in die Sauce rühren.*
8. *Danach die grünen Erbsen zufügen. Unter Rühren das Gemüse in etwa 15 Minuten weich garen.*
9. *Zuletzt die Fleischwürfel unterheben.*
10. *Das Gericht in eine Tagine füllen und für 10 Minuten in den 180 °C heißen Ofen stellen.*

Gekochten Reis dazu servieren.

Mit Reis serviert ergibt es eine vollständige Mahlzeit.

Tagine
mit Kalbfleisch und Shaareya

FÜR 2 BIS 4 PORTIONEN
ZUBEREITUNGSZEIT 40 MINUTEN

Zutaten

800 g Kalbfleisch ohne Knochen
225 g Shaareya (kurze Fadennudeln)
180 ml Speiseöl
1 TL Salz
1 TL weißer Pfeffer
1 Rinderbouillonwürfel
¼ TL gemahlener Zimt
2 mittelgroße Zwiebeln (etwa 250 g)
3 Kardamomkapseln
1 geriebene Karotte (etwa 75 g)
1 große Tomate (etwa 200 g)
2 EL Mehl

Zubereitung

1. *Den Backofen auf 100 °C vorheizen.*
2. *Zuerst die Fadennudeln in reichlich Öl braun braten. Dabei je ½ TL Salz und Pfeffer sowie ¼ TL Zimt zufügen.*
3. *Die Nudeln in ein Sieb schütten. Das Öl abtropfen lassen und zum Braten des Fleisches verwenden.*
4. *Das Fleisch in 4 Portionsstücke teilen und im Mehl wenden.*
5. *Anschließend im Öl zusammen mit einer klein gewürfelten Zwiebel bräunen.*
6. *In einem Topf 1 Liter Wasser zum Kochen bringen.*
7. *Das angebratene Fleisch und die Zwiebelwürfel hineingeben. Je ½ TL Pfeffer und Salz sowie als zusätzliche Würze den Bouillonwürfel zufügen. Auf kleiner Flamme 30 Minuten sieden.*
8. *Danach das Fleisch aus der Brühe heben und auf einem Sieb abtropfen lassen.*
9. *Zur späteren Verwendung für die Sauce 250 ml Brühe bereithalten.*
10. *Für die braune Sauce die zweite klein gewürfelte Zwiebel unter Rühren in Öl bräunen.*
11. *Die Kardamomkapseln, die geschälte und geriebene Karotte und Tomate sowie die Brühe einrühren.*
12. *Die Sauce nach Belieben mit Mehl andicken und mit je ½ TL Salz und Pfeffer abschmecken.*
13. *Auf den Boden einer Tagine zuerst die Shaareya geben, darauf das Fleisch legen und mit der Sauce überziehen. Vor dem Servieren 10 Minuten in den vorgeheizten Ofen stellen. Nach Belieben mit etwas geschnittener Petersilie bestreuen.*

Shaareya sind kurze Fadennudeln, Vermicelli.

Molokheya

FÜR 2 BIS 4 PORTIONEN
ZUBEREITUNGSZEIT
45 MINUTEN

Zutaten

1 Huhn (von etwa 3 Pfund)
2 Stangen Bleichsellerie
1 Zwiebel
2 Lorbeerblätter
4 Kardamomkapseln
½ TL Salz
500 g Molokheya
5 Knoblauchzehen
3 TL Korianderkörner
2 EL Speiseöl

Für die rote Sauce

3 kleine Zwiebeln
1 EL Speiseöl
3 große Tomaten (etwa 600 g)
2 EL Tomatenmark

Zubereitung

1. *Das küchenfertige Huhn gründlich kalt abspülen und mit Küchenpapier trockentupfen.*
2. *In einem Topf 1 bis 1 ½ Liter Wasser zum Kochen bringen. Die in grobe Stücke geschnittene Bleichsellerie und Zwiebel, die Lorbeerblätter und Kardamomkapseln sowie Salz zufügen. Das Huhn hineinlegen, eventuell noch Wasser nachgießen, bis es ganz bedeckt ist, und in etwa 30 bis 40 Minuten weichgaren.*
3. *Das Huhn herausnehmen und abkühlen lassen. Das Fleisch von den Knochen zupfen und nach Belieben zur Molokheya servieren.*
4. *Die Molokheya – Blätter von den Stielen zupfen und kleinhacken. Von der Brühe ¾ Liter abnehmen, in einem Topf kurz aufkochen und die Molokheya einstreuen. Auf kleiner Flamme rühren, bis die Molokheya die Brühe aufgesogen hat. Nicht mehr kochen lassen, da sonst die Molokheya bitter wird!*
5. *In einer kleinen Pfanne den feingehackten Knoblauch und die im Mörser zerdrückten Korianderkörner in Öl anrösten und in die heiße Molokheya schütten, so dass es zischt. Das nennt man Tasha im Arabischen!*
6. *Für die rote Sauce die 3 Zwiebeln reiben und in Öl bräunen.*
7. *Die Tomaten schälen und klein schneiden.*
8. *Zusammen mit dem Tomatenmark in die gebratenen Zwiebeln rühren und 15 Minuten auf kleiner Flamme dünsten. Mit Salz und Pfeffer und nach Belieben mit 1 Prise Zucker abschmecken.*

Molokheya kann mit weißem Reis, oder mit Reis und Hühnerfleisch in roter Sauce, mit Kaninchen oder Fleischbällchen (siehe Seite 101, 103, 105) serviert werden. Oft reicht man auch nur feingewürfelte Zwiebeln in Essigmarinade dazu.

Das arabische Wort für Ägyptens Nationalgericht Molokheya stammt vom Wort mulukiya ab, das „königlich" bedeutet. Frische Molokheya – Blätter sind in Deutschland kaum erhältlich. In gut sortierten orientalischen Geschäften kann man gelegentlich tiefgefrorene oder getrocknete Blätter bekommen.

Molokheya

mit gebratenem Huhn

FÜR 2 BIS 4 PORTIONEN
ZUBEREITUNGSZEIT 45 MINUTEN

Zutaten

1 küchenfertiges Huhn (von etwa 3 Pfund)
3 Lorbeerblätter
4 Kardamomkapseln
2 kleine Zwiebeln (etwa 100 g)
1 TL Salz
½ TL schwarze Pfefferkörner
1 EL Tomatenmark
4 EL Speiseöl
1 EL Butter

Zubereitung

1. *Das Huhn 10 Minuten in heißes gesalzenes Wasser legen.*
2. *Danach herausnehmen, trockentupfen und mit einem Messer die Haut abziehen. Das Huhn in 4 Portionstücke schneiden.*
3. *In einem Topf 2 Liter Wasser zum Kochen bringen. Die Lorbeerblätter, Kardamomkapseln, Zwiebeln, Salz und Pfefferkörner zufügen.*
4. *Das Portionsstücke hineingeben und in etwa 30 Minuten weichgaren.*
5. *Die Stücke aus der Brühe heben, abtropfen lassen und mit Tomatenmark bestreichen.*
6. *In einer Pfanne Öl und Butter erhitzen.*
7. *Die Hähnchenteile im heißen Fett rotbraun braten.*

Mit Molokheya und gekochtem Reis servieren.

Molokheya
mit Kaninchen

FÜR 2 BIS 4 PORTIONEN
ZUBEREITUNGSZEIT 55 MINUTEN

Zutaten

2 küchenfertige Kaninchen (zusammen etwa 2 kg)
2 kleine Zwiebeln
1 Stange Bleichsellerie
3 Lorbeerblätter
4 Kardamomkapseln
½ TL schwarze Pfefferkörner
2 TL Salz
1 EL Tomatenmark
4 EL Speiseöl
1 EL Butter

Zubereitung

1. *Die Kaninchen 10 Minuten in heißes gesalzenes Wasser legen, herausnehmen und abtropfen lassen.*
2. *Die Rücken auslösen und entsehnen.*
3. *In einem Topf 2 Liter Wasser zum Kochen bringen. In Ringe geschnittene Zwiebeln, die zerkleinerte Selleriestange, Lorbeerblätter, Kardamomkapseln, Pfefferkörner und Salz zufügen.*
4. *Die Kaninchenrücken hineinlegen und in 30 Minuten weichgaren.*
5. *Das Fleisch aus der Brühe heben und mit Tomatenmark bestreichen. (Die Brühe kann für die Molokheya verwendet werden.)*
6. *In einer Pfanne das Öl und die Butter erhitzen.*
7. *Darin die Kaninchenrücken rotbraun braten.*

Mit Molokheya (siehe Seite 99) und Reis servieren.

Nach Belieben eine rote Sauce dazu reichen.

Molokheya

mit Fleischklößchen in roter Sauce

FÜR 2 BIS 4 PORTIONEN
ZUBEREITUNGSZEIT 25 MINUTEN

Zutaten

250 g gehacktes Rindfleisch
250 g gehacktes Kalbfleisch
2 kleine Zwiebeln (etwa 100 g), gerieben
1 TL Salz
½ TL gemahlener schwarzer Pfeffer
¼ TL gemahlene Muskatnuss
¼ TL gemahlener Zimt
4 EL Speiseöl
4 große Tomaten (etwa 800 g)
5 Knoblauchzehen, feingehackt
4 Kardamomkapseln
3 Lorbeerblätter
1 EL Tomatenmark

Zubereitung

1. *In der Küchenmaschine beide Fleischsorten zusammen mit 1 geriebenen Zwiebel sowie mit ½ TL Salz, je ¼ TL Pfeffer, Muskatnuss und Zimt zu einem glatten Teig vermischen.*
2. *Mit nassen Händen daraus 3 Zentimeter große Klößchen formen.*
3. *In einer Pfanne das Öl erhitzen und darin die Klößchen braun braten.*
4. *Für die rote Sauce die restliche geriebene Zwiebel und die feingehackten Knoblauchzehen im Öl anbräunen.*
5. *Die Tomaten schälen, pürieren und in die Zwiebelmischung rühren. Das Tomatenmark, die Lorbeerblätter und Kardamomkapseln sowie ½ TL Salz und ¼ TL gemahlener Pfeffer zufügen. Unter ständigem Rühren 15 Minuten auf kleiner Flamme kochen lassen.*
6. *Die gebratenen Fleischklößchen in die rote Sauce legen und zusammen mit der Molokheya und gekochtem Reis servieren.*

Die Fleischklößchen in diesem Rezept heißen „dawoud basha". Im Abou El Sid werden sie aus gemischten Rind- und Kalbfleisch zubereitet, deshalb sind sie besonders zart.

Gefüllte Täubchen

mit Fireek

FÜR 2 BIS 4 PORTIONEN
ZUBEREITUNGSZEIT
1 STUNDE 15 MINUTEN

Zutaten

500 g Fireek
1 EL Butter
125 ml Speiseöl
3 große Zwiebeln (etwa 500 g)
1 TL getrocknete Minze
1 TL schwarzer Pfeffer
2 TL Salz
4 küchenfertige Täubchen
4 Stangen Bleichsellerie
2 Lorbeerblätter
4 Kardamomkapseln

Zubereitung

1. *Die Fireek-Körner kalt abspülen. Etwa 30 Minuten in kaltem Wasser einweichen und anschließend abtropfen lassen.*
2. *In einem Topf 1 EL Butter und 2 EL Speiseöl erhitzen. Eine der Zwiebeln reiben und darin andünsten. Mit Salz, Pfeffer und getrockneter Minze würzen.*
3. *Den Fireek und etwa 60 ml Wasser in die Zwiebelmischung geben und auf kleiner Flamme unter ständigem Rühren 10 Minuten garen.*
4. *Vom Feuer nehmen und die Füllung abkühlen lassen.*
5. *Die Täubchen waschen und trockentupfen.*
6. *Anschließend mit der Fireek-Mischung füllen und die Öffnung mit einem Zahnstocher verschließen.*
7. *In einem Topf 1 ½ Liter Wasser zum Kochen bringen. Die in Stücke geschnittenen Zwiebeln und Selleriestangen sowie die Lorbeerblätter und Kardamomkapseln einstreuen.*
8. *Die gefüllten Täubchen hineingeben und auf kleiner Flamme in 1 Stunde weichgaren.*
9. *Die Täubchen herausheben und in einer Pfanne im restlichen Öl in etwa 5 Minuten von allen Seiten anbräunen.*

Heiß und nach Belieben auf einem Gemüsebett servieren.

Gefüllte Täubchen sind in Ägypten ein beliebtes Gericht. Statt mit Fireek, den grünen Weizenkörnern, können sie auch mit Reis gefüllt werden. Die Füllung schmeckt dann nicht so nussig und leicht rauchig. Grüne Weizenkörner werden in Ägypten häufig verwendet, doch außerhalb des Vorderen Orients sind sie wenig bekannt. Die Weizenkörner werden geerntet, wenn sie noch weich und grün sind, anschließend gedörrt und geröstet. Als Freekeh oder auch als Farik sind sie in gut sortierten orientalischen Geschäften erhältlich. – Man kann Fireek durch Grünkern ersetzen.

Tscherkessisches Hühnchen

mit Walnuss-Sauce

FÜR 2 BIS 4 PORTIONEN
ZUBEREITUNGSZEIT
1 STUNDE

Zutaten

1 küchenfertiges Huhn
3 Lorbeerblätter
4 Kardamomkapseln
½ TL schwarze Pfefferkörner
1 TL Korianderkörner
2 Stangen Bleichsellerie
1 kleine Karotte
1 Zwiebel
2 TL Salz

Für die Walnuss-Sauce
250 g Walnüsse
2 Scheiben entrindetes Weißbrot vom Vortag
¼ l Milch
2 gewürfelte Zwiebeln
1 EL Butter
1 EL Mehl
½ TL Koriander
2 Knoblauchzehen
1 EL Speiseöl
Salz und weißer Pfeffer

Für die rote Sauce
4 große Tomaten (etwa 800 g)
1 EL Tomatenmark
2 Knoblauchzehen
2 EL Speiseöl
Salz und Pfeffer

Zubereitung

1. *Das Hühnchen kalt abspülen und trockentupfen.*
2. *In einem großen Topf 2 Liter Wasser zum Kochen bringen*
3. *Kardamomkapseln, Lorbeerblätter und Pfefferkörner sowie das grob zerschnittene Würzgemüse und Salz zufügen.*
4. *Das Hühnchen hineingeben und auf kleiner Flamme in etwa 45 Minuten weichgaren.*
5. *Danach herausheben, die Haut abziehen, das Fleisch in großen Stücken von den Knochen lösen und warmhalten. Die Brühe bereithalten.*
6. *Für die Walnuss-Sauce die Nüsse und das Brot 15 Minuten in der Milch einweichen. Anschließend im Mixer oder mit dem Pürierstab pürieren.*
7. *In einem Topf die feingewürfelten Zwiebeln in etwas Öl glasig dünsten. Etwa 750 ml Hühnerbrühe und das Walnusspüree zugießen. Über mittlerer Hitze 10 Minuten unter ständigem Rühren kochen lassen, abschmecken und zuletzt die Butter einrühren.*
8. *Falls die Sauce zu dünnflüssig ist, kann man sie mit etwas Mehl andicken. Sie soll eine fließende Konsistenz haben.*
9. *In einer kleinen Pfanne 2 kleingehackte Knoblauchzehen und einige zerdrückte Korianderkörner in etwas Öl anrösten und in die Walnuss-Sauce schütten.*
10. *Für die rote Sauce die Knoblauchzehen fein hacken und in etwas Öl glasig dünsten.*
11. *Die Tomaten schälen, klein würfeln und zusammen mit dem Tomatenmark in den Knoblauch rühren.*
12. *Mit Salz und Pfeffer würzen und unter Rühren auf kleiner Flamme 15 Minuten köcheln.*
13. *Auf einen Servierteller zuerst eine Schicht gekochten Reis und dann das Fleisch legen.*

Mit der Walnuss-Sauce überziehen und auftragen. Nach Belieben die rote Sauce getrennt dazu reichen.

„Tscherkessisches Huhn" ist ein altes türkisches Rezept, das vor Jahren von der ägyptischen Küche übernommen wurde. An Festtagen wird es gern als Hauptgericht serviert.

Gegrillte Kalbskoteletts

FÜR 2 BIS 4 PORTIONEN
ZUBEREITUNGSZEIT 1 STUNDE

Zutaten

- 1 kg Kalbskoteletts
- 1 mittelgroße Tomate (etwa 100 g)
- 3 mittelgroße Zwiebeln (etwa 250 g)
- ½ TL Salz
- ¼ TL weißer Pfeffer
- 2 TL Gewürzmischung (siehe Seite 129)
- 6 EL Speiseöl
- 500 g Reis
- 150 g Rosinen und gemischte Nüsse (Mandeln und Haselnüsse)

Zubereitung

1. *Für die Marinade die Tomate und 1 Zwiebel schälen und pürieren.*
2. *Das Püree durch ein Sieb treiben und mit Salz, Pfeffer und der Gewürzmischung verrühren.*
3. *Die Kalbskoteletts in die Marinade legen und 15 Minuten marinieren.*
4. *Für den Reis die beiden restlichen Zwiebeln würfeln und in 3 EL Öl anbräunen.*
5. *Die gebräunten Zwiebeln in ¾ Liter Wasser rühren.*
6. *Den Reis kalt abspülen und in einem Sieb abtropfen lassen.*
7. *Anschließend in einen anderen Topf mit 3 EL Öl rühren.*
8. *Das Wasser mit den gebräunten Zwiebeln zufügen. Zum Kochen bringen und den Reis auf kleiner Flamme etwa 15 Minuten garen, bis er das Wasser aufgesogen hat.*
9. *Die Koteletts aus der Marinade heben und grillen, dabei mehrmals mit der Marinade bestreichen.*

Zu den gegrillten Koteletts den Reis servieren, der mit der Nussmischung bestreut wird.

Tournedos

mit Geflügelleber und feinem Gemüse
Abou El Sid

FÜR 2 BIS 4 PORTIONEN
ZUBEREITUNGSZEIT 45 MINUTEN

Zutaten

2 EL Speiseöl
1 EL Butter
1 große Zwiebel (etwa 150 g)
2 Knoblauchzehen
2 EL feingehackte Bleichsellerie
2 geriebene Karotten
2 Kardamomkapseln
1 EL Mehl
Salz und schwarzer Pfeffer
250 g Hühnerleber
800 g Rinderfilet
4 Scheiben Toastbrot
200 g grüne Bohnen
4 Karotten (etwa 200 g)
2 große Kartoffeln (etwa 200 g)
3 kleine Zucchini (etwa 200 g)

Zubereitung

1. *In Öl und ½ EL Butter die kleingewürfelte Zwiebel und den durch die Knoblauchpresse getriebenen Knoblauch über mittlerer Hitze andünsten.*
2. *Die feingehackte Bleichsellerie, die grob geriebenen Karotten sowie die Kardamomkapseln und etwa 250 ml Wasser zufügen. Unter Rühren weichdünsten.*
3. *Anschließend pürieren, mit Salz und frischgemahlenem Pfeffer abschmecken und eventuell mit Mehl andicken.*
4. *Die Hühnerleber kalt abspülen, trockentupfen und in 2 cm große Würfel schneiden.*
5. *In heißem Öl unter ständigem Wenden braten, mit Salz und Pfeffer würzen und in die Sauce legen.*
6. *Das Filet in 4 gleichmäßig dicke Scheiben schneiden, mit Öl bestreichen und von beiden Seiten grillen. Mit Salz und Pfeffer bestreuen.*
7. *Die Tournedos auf die Toastscheiben geben, mit den Leberwürfeln belegen und mit der Sauce überziehen.*
8. *Das geputzte Gemüse in gleichmäßig lange Stifte schneiden und getrennt in gesalzenem Wasser etwa 15 Minuten garen. Herausheben und abtropfen lassen.*
9. *Anschließend in Butter schwenken und zu den Tournedos servieren.*

Koshari

FÜR 2 BIS 4 PORTIONEN
ZUBEREITUNGSZEIT 1 STUNDE 30 MINUTEN

Zutaten

500 g Zwiebeln
125 ml Speiseöl
150 g Kichererbsen
150 g braune Linsen
150 g Spaghetti
150 g Shaareya (kurze Fadennudeln)
150 g Ditali-Nudeln
200 g Reis
5 mittelgroße Tomaten (etwa 300 g)
1 EL Tomatenmark
3 Kardamomkapseln
1 TL Salz
1 Prise weißer Pfeffer
5 kleingehackte Knoblauchzehen
2 EL Essig
½ TL Cayennepfeffer (nach Belieben)

Koshari ist ein einfaches vegetarisches Gericht, das sowohl in Garküchen wie in jedem Haushalt gekocht wird. Es ist preiswert und nahrhaft, traditionell und typisch ägyptisch.

Zubereitung

1. *Die Hälfte der Zwiebeln in dünne Ringe schneiden und in reichlich Öl goldbraun rösten.*
2. *Anschließend herausheben und auf Küchenpapier entfetten.*
3. *Kichererbsen und Linsen über Nacht getrennt in kaltem Wasser einweichen.*
4. *Danach die Kichererbsen in 30 Minuten und die Linsen in 15 Minuten weichgaren.*
5. *Die Spaghetti in etwa 11 Minuten al dente kochen und abgießen.*
6. *In einem Topf die Shaareya (Fadennudeln) im Öl der Zwiebelringe braun rösten.*
7. *Anschließend die Ditalini-Pasta und einen knappen halben Liter Wasser zufügen.*
8. *Zum Kochen bringen und über reduzierter Hitze in 15 Minuten weich garen.*
9. *Den Reis kalt abspülen und abtropfen lassen. Mit etwas Öl in einen Topf geben und ¼ Liter Wasser zugießen. Aufkochen und auf kleiner Flamme in etwa 10 Minuten weich garen.*
10. *Danach den Reis mit den Kichererbsen, den Linsen und der Pasta vorsichtig vermischen, auf eine Servierplatte geben und warmhalten.*
11. *Für die rote Sauce die restlichen Zwiebeln würfeln und in Öl über mittlerer Hitze anbräunen.*
12. *Die Tomaten schälen und klein schneiden. Zusammen mit dem Tomatenmark in die Zwiebeln rühren.*
13. *Die Kardamomkapseln sowie Salz und Pfeffer zufügen. Unter Rühren in etwa 10 Minuten zu einer sämigen Sauce kochen.*
14. *In einer kleinen Pfanne die zerdrückten Knoblauchzehen in Öl anbräunen und den Essig einrühren. Nach Belieben mit einer Prise Cayennepfeffer schärfen und in die Sauce rühren.*

Das Gericht mit den Röstzwiebeln bestreuen und die Tomatensauce dazu reichen.

Sayadeya
mit Fisch

FÜR 2 BIS 4 PORTIONEN
ZUBEREITUNGSZEIT 1 STUNDE

Zutaten

- 600 g weißfleischiger Fisch (Kabeljau oder Schellfisch)
- ½ TL Cayennepfeffer
- 1 TL Salz
- 1 TL gemahlener Kreuzkümmel
- Saft von 3 Zitronen
- 4 Knoblauchzehen
- 2 EL Mehl
- 60 ml Speiseöl
- 5 mittelgroße Zwiebeln (etwa 500 g)
- 6 mittelgroße Tomaten (etwa 500 g)
- 1 EL Tomatenmark
- 500 g Reis
- 2 Karotten (etwa 250 g)
- 3 grüne Paprikaschoten (etwa 250 g)
- 3 Kardamomkapseln

Dies ist ein köstliches und gesundes Gericht der ägyptischen Küche.

Zubereitung

1. *Den Ofen auf 160 °C vorheizen.*
2. *Den Fisch waschen, trockentupfen und in 3 cm große Würfel schneiden.*
3. *Cayennepfeffer, Salz und Kreuzkümmel mit dem Zitronensaft und dem feingehackten Knoblauch in einer Schüssel zu einer Marinade verrühren. Die Fischwürfel zufügen und 15 Minuten marinieren.*
4. *Die Fischwürfel aus der Marinade heben, mit Mehl bestäuben und auf kleiner Flamme braun braten. Die Marinade bereithalten.*
5. *Für den Reis 2 Zwiebeln würfeln und in Öl andünsten.*
6. *Zwei Tomaten schälen, pürieren und zusammen mit dem Tomatenmark in die Zwiebeln rühren.*
7. *Den Reis einstreuen, 500 ml Wasser und ½ TL Salz zufügen. Den Reis auf kleiner Flamme 15 Minuten garen.*
8. *Für die Sayadeya-Sauce die restlichen 3 Zwiebeln in Streifen schneiden und in 2 EL Öl weich dünsten.*
9. *Die 4 restlichen Tomaten schälen und ebenso wie die Paprikaschoten in 1 ½ cm große Würfel schneiden. Die Karotten grob reiben.*
10. *Das Gemüse und die Kardamomkapseln mit den Zwiebelstreifen vermischen und weich dünsten, dabei die bereitgehaltene Marinade einrühren. Mit Salz abschmecken.*
11. *Auf den Boden einer Tagine den Reis schichten. Darüber die Fischwürfel legen und mit der Sayadeya-Sauce überziehen.*
12. *Vor dem Servieren 5 Minuten in den vorgeheizten Ofen geben, damit sich die Aromen verbinden.*

Nach Belieben Tahina getrennt dazu reichen.

Gegrillter Fisch

FÜR 2 BIS 4 PORTIONEN
ZUBEREITUNGSZEIT 30 MINUTEN

Zutaten

600 g weißfleischiges Fischfilet (Kabeljau oder Schellfisch)
1 TL Salz
½ TL gemahlener Kreuzkümmel
Saft von 3 Zitronen
4 Knoblauchzehen
4 EL Speiseöl
3 mittelgroße Zwiebeln
3 mittelgroße Tomaten
1 EL Tomatenmark
500 g Reis
Petersilie als Garnitur

Zubereitung

1. *Den Fisch waschen, trockentupfen und in 4 Portionsstücke teilen.*
2. *Anschließend 5 Minuten in eine Marinade aus ½ TL Salz, Kreuzkümmel, Zitronensaft und feingehacktem Knoblauch legen.*
3. *Den Fisch herausheben und abtropfen lassen.*
4. *Die Marinade in eine Pfanne gießen und auf kleiner Flamme erwärmen.*
5. *Die Fischfilets mit Öl bestreichen und von jeder Seite 2 ½ Minuten grillen.*
6. *Danach in der Marinade 5 Minuten erhitzen.*
7. *Für den Reis die gewürfelten Zwiebeln andünsten.*
8. *Die Tomaten schälen, pürieren und zusammen mit dem Tomatenmark in die gedünsteten Zwiebeln rühren.*
9. *Den Reis einstreuen und ½ TL Salz und etwa ½ Liter Wasser einrühren. Auf kleiner Flamme in 15 Minuten garen.*

Den heißen Fisch zusammen mit dem Reis servieren. Mit gezupfter Petersilie garnieren und Tahina getrennt zu diesem leichten gesunden Gericht reichen.

Garnelen-Tagine

mit rotem Reis

FÜR 2 BIS 4 PORTIONEN
ZUBEREITUNGSZEIT 30 MINUTEN

Zutaten

2 große Zwiebeln (etwa 250 g)
6 mittelgroße Tomaten (etwa 500 g)
1 EL Tomatenmark
250 g Reis
800 g rohe Garnelen
250 ml Speiseöl
4 Knoblauchzehen
1 TL Salz
¼ TL Cayennepfeffer
½ TL gemahlener Kreuzkümmel
glattblättrige Petersilie als Garnitur

Zubereitung

1. *Den Ofen auf 180 °C vorheizen.*
2. *Für den Reis 1 Zwiebel in kleine Würfel schneiden und in Öl glasig dünsten.*
3. *Drei Tomaten schälen, zerschneiden und zusammen mit dem Tomatenmark in die Zwiebeln rühren.*
4. *Den Reis, Salz und soviel Wasser zufügen, dass der Reis bedeckt ist. Auf kleiner Flamme 15 Minuten kochen lassen, bis der Reis die Flüssigkeit aufgesogen hat.*
5. *Von den Garnelen die Schwänze abdrehen und schälen. Mit einem Messer am Rücken entlang einschneiden und den dunklen Darmstrang entfernen. Die Garnelen kalt abspülen und mit Küchenpapier trocken tupfen.*
6. *Die restliche Zwiebel würfeln und zusammen mit den feingehackten Knoblauchzehen in Öl weichdünsten.*
7. *Die restlichen 3 Tomaten schälen, klein zerschneiden und in die Zwiebelmischung rühren.*
8. *Die Garnelen unterheben und 5 Minuten auf kleiner Flamme garen. Mit Salz, Cayennepfeffer und Kreuzkümmel würzen. Die Sauce nicht trocken kochen lassen. Wenn nötig, etwas Fischbrühe zugießen.*
9. *In eine Tagine zuerst den Reis und darauf die Garnelen mit der Sauce geben. Vor dem Servieren im vorgeheizten Ofen nochmals 5 Minuten erhitzen.*

Mit gezupfter Petersilie bestreuen und auftragen.

Tagine
mit Meeresfrüchten und rotem Reis

FÜR 2 BIS 4 PORTIONEN
ZUBEREITUNGSZEIT
1 STUNDE

Zutaten

- 300 g weißfleischiger Fisch (Filets von Kabeljau oder Schellfisch)
- 300 g Tintenfisch
- 200 g Garnelen
- ½ TL Cayennepfeffer
- 1 TL gemahlener Kreuzkümmel
- 1 TL Salz
- Saft von 3 Zitronen (etwa 125 ml)
- 4 Knoblauchzehen
- 2 EL Mehl
- 500 ml Speiseöl
- 5 mittelgroße Zwiebeln (etwa 500 g)
- 400 g Reis
- 6 mittelgroße Tomaten (etwa 500 g)
- 1 EL Tomatenmark
- 2 mittelgroße Karotten (etwa 250 g)
- 3 mittelgroße grüne Paprikaschoten
- 3 Kardamomkapseln
- Petersilie als Garnitur

Zubereitung

1. *Den Ofen auf 160°C vorheizen.*
2. *Das Fischfilet waschen, trockentupfen und in 3 cm große Würfel schneiden.*
3. *Die geputzten Körperbeutel der Tintenfische in 2 cm breite Streifen schneiden.*
4. *Die geschälten Garnelen entdärmen und kalt abspülen.*
5. *Den Cayennepfeffer, je ½ TL Salz und Kreuzkümmel mit dem Zitronensaft und 3 durch die Knoblauchpresse getriebenen Knoblauchzehen zu einer Marinade verrühren. Darin die Fischwürfel und Meeresfrüchte 15 Minuten marinieren.*
6. *Anschließend nur die Fischwürfel in Mehl wenden und in Öl über milder Hitze braten.*
7. *In einer anderen Pfanne die restliche kleingehackte Knoblauchzehe in Öl andünsten. Die Garnelen und Tintenfischstreifen zufügen und unter ständigem Wenden über mittlerer Hitze 3 Minuten braten.*
8. *Für den roten Reis 4 kleingewürfelte Zwiebeln in Öl andünsten.*
9. *Die Hälfte der Tomaten schälen und pürieren. Zusammen mit dem Tomatenmark in die Zwiebeln rühren.*
10. *Danach den Reis, 500 ml Wasser und ½ TL Salz zufügen.*
11. *Auf kleiner Flamme 15 Minuten garen.*
12. *Für die Sauce die restliche Zwiebel würfeln und mit 2 EL Öl in einer tiefen Pfanne andünsten.*
13. *Die restlichen Tomaten schälen und klein schneiden. Zusammen mit den geraspelten Karotten in die Pfanne rühren. Die grünen Paprikaschoten würfeln und unterheben. Die Kardamomkapseln zufügen. Die Sauce etwa 15 Minuten auf kleiner Flamme kochen lassen und mit Salz abschmecken.*
14. *In eine Tagine zuerst den roten Reis schichten. Darüber die Fischwürfel und Meeresfrüchte geben und mit der Sauce überziehen.*
15. *Vor dem Servieren nochmals 5 Minuten im vorgeheizten Ofen erhitzen.*
16. *Mit Petersilie bestreuen und Tahina getrennt dazu reichen.*

Fettah

Ägyptischer Reis mit Joghurt, Fleisch und Tomatensauce

FÜR 2 BIS 4 PORTIONEN
ZUBEREITUNGSZEIT
45 MINUTEN

Zutaten

600 g entbeinte Kalbsstelzen
1 Stange Bleichsellerie
2 mittelgroße Karotten (etwa 150 g)
3 Kardamomkapseln
2 TL Salz
½ TL weiße Pfefferkörner
1 Rinderbouillonwürfel
8 EL Speiseöl
2 EL Tomatenmark
500 g Rundkornreis
2 Pita-Brote
1 EL Butter
2 zerdrückte Knoblauchzehen
1 EL Essig
250 g Zwiebeln
500 g Tomaten
2 EL Mehl
250 ml Joghurt
2 feingehackte Knoblauchzehen

Zubereitung

1. *Das Fleisch zusammen mit Sellerie, 1 Karotte, 1 Kardamomkapsel und je ½ TL Salz und Pfeffer in einem Topf mit Wasser bedecken. Aufkochen und in 30 Minuten weichgaren.*
2. *Das Fleisch herausheben, abtropfen lassen und die Brühe bereithalten.*
3. *In einer Pfanne 4 EL Öl erhitzen. Das Tomatenmark einrühren, das Fleisch darin wenden und mit Salz und Pfeffer würzen.*
4. *Den Reis in 2 EL Öl glasig rühren.*
5. *Etwa ½ Liter Wasser und 1 TL Salz zufügen. Unter Rühren aufkochen und zugedeckt garen.*
6. *Das Pita-Brot in 2 cm große Rechtecke schneiden und in der Butter anrösten.*
7. *In Öl zwei zerdrückte Knoblauchzehen hell andünsten, mit Essig ablöschen und 50 ml Brühe zugießen. Das geröstete Brot kurz darin wenden.*
8. *Für die rote Sauce 2 zerdrückte Knoblauchzehen in 2 EL Öl weichdünsten.*
9. *Die zerkleinerten Tomaten, die restliche geraspelte Karotte, 2 Kardamomkapseln, ½ TL Salz und ¼ TL Pfeffer zufügen und 15 Minuten dünsten. Dabei nach und nach so viel Mehl einrühren, bis die Sauce bindet.*
10. *Den Joghurt mit den kleingehackten Knoblauchzehen verrühren.*
11. *Eine tiefe Servierschüssel mit dem Brot auslegen und mit dem Joghurt übergießen.*
12. *Nacheinander die rote Sauce, dann den Reis, die Essigsauce und wieder rote Sauce schichten. Mit dem Fleisch belegen und auftragen.*

Mixed Grill

FÜR 2 BIS 4 PORTIONEN
ZUBEREITUNGSZEIT 30 MINUTEN

Zutaten

- 500 g gehacktes Rindfleisch
- 125 g gehacktes Lammfett
- 4 Zwiebeln (500 g)
- 1 TL Salz
- 1 TL weißer Pfeffer
- ½ TL Gewürzmischung (siehe Seite 12)
- 2 EL Speiseöl
- 4 Kalbsrippchen (etwa 400 g)
- 200 g schieres Kalbfleisch
- 400 g Hühnerfilet
- 2 Tomaten
- 1 TL Senf
- 2 grüne Paprikaschoten

Grillspieße aus Holz oder Metall

Zubereitung

1. *Für die Kofta das gehackte Rindfleisch und Lammfett sowie 1 geriebene Zwiebel mit ½ TL Salz, ¼ TL weißem Pfeffer, der Gewürzmischung und 1 EL Öl – am besten in der Küchenmaschine – zu einem geschmeidigen Teig vermischen.*
2. *Mit angefeuchteten Händen aus dem Fleischteig 4 cm dicke und 7 cm lange Kofta formen.*
3. *Für die Marinade 2 Tomaten schälen, zerkleinern, mit 1 geriebenen Zwiebel vermischen und durch ein Sieb passieren.*
4. *In das dünnflüssige Püree den Senf, Salz und Pfeffer sowie 1 EL Öl rühren.*
5. *Das Kalbfleisch und das Hühnerfilet in 4 cm große Würfel schneiden.*
6. *Die grünen Paprikaschoten und 2 Zwiebeln in 3 cm große Rechtecke schneiden.*
7. *Je dreimal Zwiebel, Paprika und Kalbfleischwürfel oder Hühnerfleischwürfel nacheinander auf die Spieße stecken.*
8. *Die Spieße und die Kalbsrippchen in die Marinade legen und 10 Minuten marinieren.*
9. *Anschließend Kofta, Kalbsrippchen und Spieße mit Öl bestreichen, damit sie nicht am Grill haften bleiben.*
10. *Auf dem vorgeheizten Grill unter mehrmaligem Wenden grillen.*

Zusammen mit Baladi-Brot und Tahina servieren.

Desserts

Om Ali

mit Nüssen

FÜR 2 BIS 4 PORTIONEN
ZUBEREITUNGSZEIT 30 MINUTEN

Zutaten

½ Paket Blätterteig (etwa 250 g, aufgetaut)
125 g Rosinen
100 g gehackte Mandeln
100 g gehackte Haselnüsse
¼ TL gemahlene Bourbonvanille
500 ml Milch
4 EL Zucker
180 ml Schlagsahne
100 g Pistazien

Zubereitung

1. *Den Ofen auf 180 °C vorheizen.*
2. *Den aufgetauten Blätterteig leicht ausrollen, auf ein mit Backpapier ausgelegtes Backblech legen und goldbraun und knusprig backen. Aus dem Ofen nehmen und abkühlen lassen.*
3. *In einer Schüssel Rosinen, grobgehackte Mandeln und Haselnüsse mit der Vanille vermischen.*
4. *Den Blätterteig in kleine Stücke brechen und den Boden einer Tagine damit auslegen.*
5. *Die Nussmischung darüber streuen.*
6. *Die Milch über mittlerer Hitze aufkochen. Den Zucker zufügen und rühren, bis er sich gelöst hat. Die Milch vom Feuer nehmen.*
7. *Die Sahne steifschlagen.*
8. *Die heiße Milch über die Nüsse gießen und die steifgeschlagene Sahne darüber streichen.*
9. *Die Tagine in den vorgeheizten Ofen geben und 10 Minuten überbacken.*
10. *Anschließend mit den Pistazien bestreuen und auftragen.*

Die wörtliche Übersetzung des Namens dieser Süßspeise ist „Alis Mutter". Im Abou El Sid wird sie in einer Tagine zubereitet und serviert.

Mohalabeya

Orientalischer Milchpudding

FÜR 2 BIS 4 PORTIONEN
ZUBEREITUNGSZEIT 20 MINUTEN

Zutaten

1 EL Reis
120 ml Wasser
500 ml Milch
4 EL Zucker
¼ TL gemahlene Vanille
3 EL Speisestärke
60 ml Wasser
30 g Rosinen
30 g gehackte Mandeln
30 g gehackte Haselnüsse
20 g gehackte Pistazien

Zubereitung

1. *Den Reis waschen und 10 Minuten kalt einweichen.*
2. *Anschließend auf einem Sieb abtropfen lassen und zusammen mit 60 ml Wasser im Mixer oder mit dem Pürierstab pürieren.*
3. *In einen Topf schütten und die Milch, Zucker und gemahlene Vanille zufügen. Unter Rühren zum Kochen bringen und auf kleiner Flamme 15 Minuten köcheln.*
4. *In einer kleinen Schüssel die Speisestärke in 60 ml Wasser anrühren.*
5. *Nach und nach unter ständigem Rühren in die Reismilch gießen. Auf kleiner Flamme kochen, bis der Pudding andickt.*
6. *In eine Servierschüssel oder in Portionsschälchen füllen und im Kühlschrank gut durchkühlen.*
7. *Vor dem Servieren mit Rosinen und gemischten Nüssen bestreuen.*

Vor allem die Kinder lieben diesen Milchpudding. Nach Belieben kann man den Pudding mit einigen Granatapfelkernen garnieren.

Fiteer Meshaltet

Orientalische Crèpes

FÜR 2 BIS 4 PORTIONEN
ZUBEREITUNGSZEIT 1 STUNDE 15 MINUTEN

Zutaten

480 g Mehl
1 TL Salz
4 EL Zucker
120 ml Wasser
250 g Butter
6 EL Speiseöl
4 EL Honig oder Crème double
100 g gemischte Nüsse

Zubereitung

1. *Den Ofen auf 200 °C vorheizen.*
2. *In einer Schüssel das Mehl mit Salz und Zucker vermischen. 120 ml Wasser langsam zugießen und einarbeiten, bis der Teig nicht mehr klebt.*
3. *Den Teig weitere 15 Minuten entweder mit der Hand oder in der Küchenmaschine glatt und elastisch kneten.*
4. *Anschließend in 4 gleiche Teigstücke teilen und mit den Händen flach pressen, damit Luft entweicht.*
5. *Die Teigstücke in vier runde Platten von 5 cm Durchmesser formen.*
6. *Mit geschmolzener Butter bestreichen und 5 Minuten ruhen lassen.*
7. *Danach mit dem Nudelholz zu Platten von je 30 cm Durchmesser ausrollen.*
8. *Die Teigplatten mit geschmolzener Butter bestreichen und übereinander auf ein gefettetes Backblech setzen.*
9. *Im vorgeheizten Ofen 20 Minuten backen, bis sie leicht gebräunt sind.*
10. *Aus dem Ofen nehmen und in dreieckige Stücke schneiden.*

Fiteer Meshaltet wird warm mit Honig oder dicker Sahne und gemischten Nüssen gegessen.

Dieses Dessert ist eine beliebte ägyptische Süßspeise. Der Teig kann – mit Butter bestrichen – vier Tage im Kühlschrank aufbewahrt und dann gebacken werden.

Ashoura mit Mandeln, Pistazien und Rosinen

FÜR 2 BIS 4 PORTIONEN
ZUBEREITUNGSZEIT 2 STUNDEN

Zutaten

125 g Weizenkörner (aus dem Reformhaus)
750 ml warmes Wasser
360 ml Milch
1 TL Speisestärke
4 EL Zucker
1 TL Rosenwasser
20 g Rosinen
20 g gehackte Mandeln
20 g gehackte Pistazien
ganze Pistazien als Garnitur

Zubereitung

1. *Die Weizenkörner im warmen Wasser 1 Stunde einweichen. Anschließend über milder Hitze 40 Minuten kochen lassen, bis das Wasser aufgesogen ist.*
2. *Die Speisestärke in der Milch auflösen. In die Körner zusammen mit dem Zucker, dem Rosenwasser, den Rosinen, den gehackten Pistazien und Mandeln einrühren.*
3. *Unter ständigem Rühren kochen, bis die Mischung andickt.*
4. *In eine Servierschüssel füllen und abkühlen lassen. Danach mit ganzen Pistazien bestreuen und auftragen.*

Dieses traditionelle Gericht ist der Inbegriff einer ägyptischen Süßspeise. Sie wird gewöhnlich im ersten Monat des islamischen Kalenders zubereitet.

Kürbis-Gratin

FÜR 2 BIS 4 PORTIONEN
ZUBEREITUNGSZEIT 1 STUNDE 30 MINUTEN

Zutaten

1 Kürbis von etwa 2 kg
4 EL Butter
2 EL Mehl
250 g Zucker
250 ml Milch
2 EL Puddingpulver
1 Päckchen Vanillezucker
200 g Rosinen
200 g Mandeln
200 g Haselnüsse
100 ml Sahne

Zubereitung

1. *Den Ofen auf 160 °C vorheizen.*
2. *Den Kürbis schälen, in Schnitze schneiden und die Kerne entfernen.*
3. *In einem Topf die Butter zerlassen und die Hälfte des Zuckers sowie die Kürbisschnitze zufügen. Den Deckel auflegen und den Kürbis auf kleiner Flamme in 1 Stunde weich schmoren. Dabei gibt er zuerst Saft ab, der später wieder einkocht.*
4. *In einem zweiten Topf eine Béchamelsauce kochen: Dazu in der geschmolzenen Butter das Mehl hell anschwitzen. Über mittlerer Hitze die Milch, in der das Puddingpulver aufgelöst wurde, und den Vanillezucker mit dem Schneebesen einrühren.*
5. *Auf kleiner Flamme 5 Minuten weiter rühren, bis die Sauce andickt.*
6. *Die Hälfte des Kürbis in eine Tagine oder Gratinschüssel füllen. In die Mitte die Rosinen und gehackten Mandeln und Haselnüsse geben und mit dem restlichen Kürbis bedecken.*
7. *Zuerst die Béchamelsauce und als Abschluss die Sahne darüber gießen.*
8. *Im vorgeheizten Ofen überbacken, bis die Oberfläche leicht gebräunt ist.*

Der Gratin kann warm, aber auch kalt serviert werden.

Dieser Kürbisgratin ist ein klassisches ägyptisches Dessert, für dessen Zubereitung eine Tagine besonders geeignet ist.

Index

Abou El Sid

Egyptian Authentic Restaurant

www.abouelsid.com